Familien-Reiseführer

KÄRNTEN

COMPANIONS

Kärnten

Für Badespaß sorgen die vielen Strandbäder an den Kärntner Seen

Kärnten für Eltern und Kinder

Kinderfreundliche Badeseen

Zehn Touren, die allen Spaß machen

Urlaubsidylle: hohe Berge, saftige Weiden und glückliche Kühe

Wer in Kärnten hoch hinauswill, muss nicht unbedingt die Gipfel stürmen ...

Die tollsten Attraktionen für Kinder

Gut zu wissen

Heidis Welt sind die Berge, ihre Wahlheimat aber ist die Heidi-Alm Falkert

Was Sie wissen sollten

Diese Zeichen und Symbole begleiten Sie durch das ganze Buch und geben Ihnen besondere Informationen:

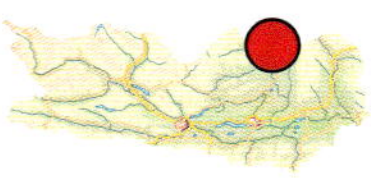

Die Mini-Karte von Kärnten mit dem dicken roten, grünen oder blauen Punkt zeigt Ihnen auf einen Blick, an welchem Ort sich die jeweilige Adresse befindet.

Infos zur Region oder spezielle Empfehlungen für die Eltern gibt's in den grünen Kästen.

In den orangefarbenen Kästen stehen tolle Tipps oder Geschichten für Kinder.

Regionale kulinarische Genüsse oder ein Restaurant, in dem auch Ihre Kinder auf ihre Kosten kommen, finden Sie in den blauen Kästen.

Unsere Autorin Dr. Jenny Kreyssig, jahrzehntelange Mitarbeiterin der Süddeutschen Zeitung, ist eine international erfahrene Reisejournalistin, die für Print- und Online-Medien schreibt. Als Redakteurin einer Touristikpublikation ist sie nicht nur eine ausgewiesene Deutschland-Expertin, sondern kennt sich auch im Nachbarland Österreich gut aus. Beispielsweise im landschaftlich schönen und kulturgeschichtlich bemerkenswerten Kärnten, das sie auch auf seine Familienurlaubstauglichkeit geprüft hat und uneingeschränkt empfehlen kann.

Kärnten entdecken

Mehr als 200 grünblaue Badeseen machen Lust darauf, im sauberen Wasser des sonnenverwöhnten südlichsten österreichischen Bundeslandes zu planschen, zu surfen, zu segeln und zu paddeln – nicht ohne Grund wird Kärnten auch „Österreichs Riviera“ genannt. Grüne Hügellandschaften mit Wäldern und Wiesen, Weiden und Almen, durchzogen von Flüssen und Bächen, locken Rad-, Reit- und Wanderfreunde in die Natur. Österreichs höchster Berg, der Großglockner (3.798 m), zwei Nationalparks mit wilden Wasserfällen und viele Naturschutzgebiete laden ein, die Pflanzen- und Tierwelt zu entdecken und sich von der landschaftlichen Schönheit bis hinauf zu den schneebedeckten Gebirgsgipfeln faszinieren zu lassen. Das alte Zentrum der Landeshauptstadt Klagenfurt, Kunstschätze aus nahezu allen Epochen und Kulturveranstaltungen an Seen, auf Burgen und in Stiftskirchen liefern Urlaubserlebnisse zuhauf. Familien werden in Kärnten ganz besonders umsorgt – dazu aber später mehr.

Badewannen zwischen Bergen

Das fünftgrößte Bundesland Österreichs (9.533 qkm) liegt südlich des Alpenhauptkamms und grenzt an Osttirol, das Salzburger Land, die Steiermark und im Süden an Italien und Slowenien. Die mächtigen Gebirgsketten der Hohen Tauern und Nockberge, der Karnischen Alpen und der Karawanken umschlie-

Für wanderfreudige Familien ist Kärnten ein Urlaubsparadies

Tourismus in Zahlen

Rund 12,6 Millionen Übernachtungen zählt Kärnten im Jahr und liegt damit – nach Tirol und Salzburg – an dritter Stelle im Ranking der österreichischen Bundesländer. Die meisten Gäste kommen im Sommer (9 Mio. Übernachtungen); etwa 40 Prozent der Sommerfrischler sind Deutsche, 37 Prozent sind Österreicher, der Rest Niederländer, Italiener, Schweizer, Tschechen und Ungarn. Auch im Winter (3,6 Mio. Übernachtungen) überwiegen die Österreicher (36 Prozent) und die Deutschen (25 Prozent).

ßen das zerklüftete Gebiet. 1.270 Seen zählt das Ferienland, die Gebirgsseen mitgerechnet. Als „Badewannen" beliebt sind neben dem Wörthersee besonders Millstätter See, Ossiacher See, Weißensee, Faaker See, Keutschacher See und Klopeiner See.

Das ganze Jahr über Saison

Beständiges Sommerwetter, beeinflusst vom Mittelmeer, und über einen langen Zeitraum hohe Wassertemperaturen machen das Kärntner Seengebiet für Urlauber so attraktiv. Rechnen Sie im Juli und August vor allem an den touristisch erschlossenen Seen mit Rummel! Zur Bühne wandelt sich das Land während des Kärntner Festspielsommers. Dann werden Theaterstücke aufgeführt und hochkarätige Musik dargeboten, und der Carinthische Sommer (siehe S. 112) wartet sogar mit einem speziellen Kinderprogramm auf. Doch eigentlich ist das ganze Jahr über Saison: Von Mai bis September kommen die Badegäste, bis in den Oktober Wanderer und ab Dezember tummeln sich die Wintersportler auf den Pisten und Loipen.

Schnee im Sommer

Jede Urlaubsgegend setzt ihre Akzente und glänzt mit charakteristischen Besonderheiten. Die imposante Welt des Hochgebirges, der schneebedeckte Gipfel des Großglockners, darunter der Gletscher der Pasterze – sie sind der Inbegriff der Region Großglockner-Mölltal. Eine großartige Naturlandschaft breitet sich im Nationalpark Hohe Tauern aus: Wiesen, Wälder, Almböden, Schluchten, Fels und Eis. In dieser Heimat der Steinböcke und Murmeltiere finden Bergsteiger und Wanderer ihr Glück.

Miniatur-Kapellen

An Wegkreuzungen, auf Hügeln und Dorfplätzen werden Sie immer wieder auf Bildstöcke, sogenannte „Marterl", stoßen, die aussehen wie kleine Kapellen. In vorchristlicher Zeit sollten sie Dämonen bannen, im Mittelalter fungierten sie als geschickt positionierte Wegzeichen zur Orientierung, zur Andacht, als Begräbnisort und sogar als Hinrichtungsstätte. Heute sind die mehr als tausend Bildstöcke vor allem beliebte Fotomotive, dienen aber auch Gläubigen für ein Gebet.

Wasserfälle und alte Bauernhäuser

Von der Kölnbreinsperre die Hochalmstraße hinunter geht es durch das Lieser- und Maltatal, in dem Wasserfälle schäumen und Bäche rauschen: Die erst so wilde Bergszenerie wird immer lieblicher, bis man in das gemütliche Städtchen Gmünd kommt.
Unverwechselbar sind die zu runden „Nockn" abgeflachten Kuppen im Gebiet des Nationalparks Nockberge. An Bächen entlang auf dem Weg zu kleinen Seen, vorbei an alten Bauernhäusern und durch eine erstaunliche Tier- und Pflanzenwelt können Wanderer die Vielfalt dieser Bergwelt entdecken. Im Kurort Bad Kleinkirchheim laden Heilquellen und Wasserspiele zum erholsamen Badespaß ein.
Fast südländisch mutet die Region um den Millstätter See an. Das liegt an den vielen Sonnentagen, die dieser Gegend beschert sind, weil die Nockberge im Norden und die Karnischen Alpen im Süden vor schlechtem Wetter schützen. Es liegt aber auch an den Facetten, die das Leben rund um den See so bunt machen: Baden und Wassersport, Partys, Feste und Shows, Theater und Konzerte, Ritterburg und Renaissanceschloss.
Großartige Natur ist typisch für das Gail-, Gitsch- und Lesachtal sowie für den Weißensee. In dieser Gegend gedeiht an den Berghängen eine einzigartige Blume, die Wulfenia (siehe S. 114).
Noch sehr ursprüngliche Landschaften können Wanderer und Radfahrer am Weißensee und im Lesachtal erkunden. Der fjordähnliche See ist noch zu zwei Dritteln unverbaut und lädt zu beschaulichen Schiffsfahrten ein. Zwischen den Tälern und Gipfeln dieser Region lassen sich alte Mühlen, Bauernhöfe und Wallfahrtskirchen bestaunen.
Die Stille der Berge, die sanften Ufer der Seen und ein abwechslungsreiches Freizeitangebot sind Pluspunkte der Region

Warum die Kärntner so gern singen

Schwer war die Arbeit der Bauern früher hoch oben am Berg. Einsam das Leben, mager die Wiesen, karg der Acker. Das harte Los hatte die Herzen der Bauern hart gemacht – so erzählt es die Sage. Da schwebte eines Tages eine wunderschöne Bergfee aus dem Gletscherreich zu ihnen nieder. Legte ihr Feenkleid ab, zog einen Bauernkittel an und arbeitete mit ihnen auf dem Feld. Plötzlich begann sie zu singen – und die Leute waren ganz erstaunt, dass man so schöne Töne von sich geben kann. Bald schon sangen sie mit, und die Arbeit ging immer flotter vonstatten. Als im Herbst die Bergfee Abschied nahm von den nun glücklichen Menschen, sagte sie: „Singt nur weiter, und euch wird kein Leid mehr drücken!", und schwebte davon. Die Bauern aber sangen weiter, auch unten im Tal und in anderen Gegenden. Überall, wo man die Lieder der Bergfee hörte, wurden sie nachgesungen. Und so sind die Kärntner heute noch begeisterte Sänger.

Begeisterte Chorsänger

„Wo drei Kärntner zusammenkommen, entsteht ein Gesangsverein." Dieser Ausspruch stammt nicht von ungefähr. Tatsächlich entspricht in manchen Dörfern die Summe der Chormitglieder fast der Einwohnerzahl. So zählt das Land mit seinen 561.000 Einwohnern rund 670 Chöre und Gesangsvereine mit rund 30.000 Sängerinnen und Sängern. Ein in Österreich bekannter Komponist vieler Kärntner Lieder („Verlassen") ist Thomas Koschat (1845-1914).

Villach-Warmbad, Faaker See und Ossiacher See. Einige Höhepunkte sind hier die Burg Landskron mit Greifvogelwarte, die prächtig geschmückte Stiftskirche Ossiach und das italienische Flair der Altstadt von Villach.

Touristenzentrum Wörthersee

Vom Klagenfurter Lindwurm-Brunnen bis zum Renaissanceschloss im eleganten Velden, von der malerisch gelegenen Wallfahrtskirche Maria Wörth bis zu den stattlichen Villen Pörtschachs reicht die beliebte Ferienregion rund um den Wörthersee. Sie steht für sommerliches Badevergnügen, sportliche und gesellige Freizeitkultur und gilt auch als Treffpunkt der Schickeria. Doch sie bleibt trotzdem ein Familienurlaubsziel. Die Landeshauptstadt besticht mit ihren farbenkräftig herausgeputzten Häusern, lauschigen Innenhöfen und einem Blick, der vom Zentrum bis zu den Karawanken reicht. Klagenfurt versprüht einen Hauch von Grandezza. Auch die Wallfahrtskirche Maria Saal und der Herzogstuhl, die Ausgrabungen in Magdalensberg und – in märchenhafter Lage – die Burg Hochosterwitz sind beliebte Ausflugsziele. Das von Heinrich Harrer gegründete Tibetzentrum in Hüttenberg (siehe S. 94) entwickelt sich ebenfalls zu einem Besuchermagnet.

Kärntens Paradies

Im Rosental und in Südkärnten – nahe der Grenze zu Slowenien – locken Schluchten und Tropfsteinhöhlen, kleine Badeseen und verträumte Ortschaften. Im Lavanttal finden Sie zahlreiche Wander- und Fahrradwege, auch die Stadt Wolfsberg und das bedeutende Benediktinerstift St. Paul. Wegen des Obstanbaus und der Mostproduktion in dieser klimatisch begünstigten Gegend nennen die Einheimischen das Lavanttal das „Paradies Kärntens".

Fast karibisch blau leuchtet der Wörthersee an der Klagenfurter Ostbucht

Was Eltern wissen sollten

Bäriges Familienziel

In so gut wie allen Regionen hat man sich bestens auf Eltern mit Kindern eingestellt. Kärntner Touristiker sprühen geradezu vor Ideen, wenn es darum geht, Freizeitmöglichkeiten für Familien zu entwickeln. Ob Heidi-Alm (siehe S. 88), ein ganzes Dorf für die Kleinsten (siehe S. 85) oder Sportangebote von Surfen bis Klettern – nicht ohne Grund ist das südlichste Bundesland Österreichs seit Jahren ein anerkanntes Ferienziel für Familien. Bewährt haben sich die Auszeichnungen mit Bären- und Kindergesichtsymbolen für besonders familienfreundliche Betriebe (siehe Kasten S. 11). Deren Vergabe richtet sich nach fest definierten Kriterien, die ständig überprüft werden.

Umweltschutz wird großgeschrieben

Frische Bergluft, klare Bäche und Flüsse, glitzernde Seen und intakte Landschaften: Ganz so unversehrt, wie es das Alpen-Klischee vorgibt, ist die kärntnerische Welt natürlich nicht. Industrieschadstoffe, die Luft und Wasser stark belasteten, und Wasserkraftanlagen, die einen Eingriff in natürliche Flussläufe zur Folge hatten, waren hier wie andernorts auch in der Öffentlichkeit heiß diskutierte Themen. Dennoch: Mittlerweile hat sich vieles gebessert. Inzwischen haben die Bewohner Umweltbewusstsein entwickelt und rufen Greenpeace-Aktivisten, Grüne und den Alpenverein auf den Plan, wann immer ökologische Sünden bemerkt

Möglichkeiten für einen abkühlenden Zwischenstopp finden sich unzählige

Bärenstarkes Familienland

Um Eltern die Suche nach einer kinderfreundlichen Unterkunft (siehe auch S. 107) zu erleichtern, sind zahlreiche Hotels und Pensionen nach altersgerecht abgestuften und nuancierten Kriterien gegliedert. Mit drei, vier oder fünf Bären ausgezeichnet werden Unterkünfte, die sich besonders für Familien mit Kindern bis zu sechs Jahren eignen. Ausstattung, Verpflegung und Betreuung sind hier bewusst auf die Bedürfnisse der Kleinsten ausgerichtet. Familien mit Kindern zwischen sechs und 14 Jahren wiederum finden das geeignete Quartier, wenn sie nach dem „Kids-Symbol", einem Kindergesicht, Ausschau halten. Dort wird eine altersgerechte Freizeitgestaltung mit organisierter Unterhaltung angeboten. Detaillierte Infos über die Qualitätskriterien der einzelnen Kategorien erhalten Sie bei der ***Urlaubsinformation Kärnten,*** *Casinoplatz 1, A-9220 Velden, Tel. 0463-30 00, info@kaernten.at, www.kaernten-famliy.at.*

werden. So kommt es, dass Kärnten äußerst reines Trinkwasser, schadstoffarme Luft und oft noch viel unverbaute Natur zu bieten hat. Auf die nach wie vor hervorragende Trinkwasserqualität der Badeseen ist man besonders stolz (siehe Kasten S. 18).

Bestens gerüstet für Berg und Tal

Mit entsprechender Kleidung sollten Sie sich auf die mitunter beträchtlichen klimatischen Unterschiede in den einzelnen Regionen einrichten (siehe S. 104). Gerade im Gebirge ist auch im Sommer mit kühleren Temperaturen und Wetterstürzen zu rechnen. Auf dem Berg sind deshalb Wanderschuhe, Pullover und Regenschutz immer angebracht. Auch dürfen Sie die Stärke der Sonneneinstrahlung in Höhenlagen nicht unterschätzen und sollten sich – mit Sonnenschutzmittel und Kopfbedeckung – dementsprechend schützen. Für den Bauernhof sind Gummistiefel am besten. Im Tal kann es im Sommer sehr heiß werden, sodass grundsätzlich eine Kopfbedeckung praktisch ist. Neben Käppi oder Strohhut sind für kleine und große Badeurlauber eine wasserfeste Sonnen-

Empfindliche Kinderhaut muss gut vor der Sonne geschützt werden

lotion mit sehr hohem Lichtschutzfaktor (30-50) und eine Sonnenbrille wichtig. Nach dem Baden und auch sonst alle zwei bis drei Stunden sollten Sie sich erneut eincremen. Zudem ist darauf zu achten, dass kleine Kinder tagsüber ausreichend trinken.
Am Pool oder Badestrand sind Babys und Kleinkinder gut mit leichter Kleidung, etwa einem T-Shirt, geschützt. Während der größten Mittagshitze zwischen 13 und 15 Uhr empfiehlt es sich ohnehin, die Sonne zu meiden und sich zur Siesta zurückzuziehen, wie es auch die Einheimischen im Hochsommer machen.

Krankes Kind?

Die medizinische Versorgung wird in Arztpraxen, Krankenhäusern und Apotheken überall gewährleistet (siehe S. 105). In größeren Städten wie Klagenfurt, Villach oder Spittal gibt es Krankenhäuser mit Kinderstation. Aufgrund der hohen Verbreitung von Zecken wird für Kärnten eine FSME-Schutzimpfung empfohlen. Sinnvoll ist es auch während des Urlaubs, die Kinder nach dem abendlichen Duschen nach möglichen Zecken – auch am Kopf – abzusuchen. Den Inhalt der Reiseapotheke besprechen Sie am besten mit Ihrem Kinderarzt, in der Regel gehört Folgendes hinein: Mittel gegen Reisekrankheit, Creme oder Gel gegen Insektenstiche und Sonnenallergie, Anti-Mücken-Mittel wie Zedernöl, Arzneien gegen Magen- und Darmverstimmung sowie gegen Erkältung und Husten, Fieberthermometer und -zäpfchen, ferner Pflaster, Verbandsmaterial und ein Elektrolytgetränk. Kaugummi ist außerdem nützlich, um bei Fahrten auf Passstraßen den Druck in den Ohren auszugleichen.

Häuser wie im Museum

Ob im Lesachtal, Lieser- oder Maltatal – überall stoßen Sie auf alte Bauernhäuser. Typisch: das Rauchstubenhaus und der Ringhof aus Längsseitengebäuden und Quertrakt. Die zweistöckigen Häuser, deren Giebel oft mit einem Walmdach abgeflacht ist, sind fast immer aus dunklem Holz gebaut. Die orientalisch anmutenden Ziegelsteingitter an gemauerten Heu- oder Getreidescheunen sorgen für eine gute Durchlüftung, ihre Muster gehen auf osmanische Einflüsse zurück.

Auch für die Kleinsten ist gesorgt

Zubehör für Kids bekommen Sie vor Ort leihweise, allerdings nur in besonders familiengerechten Betrieben. Sie können also nicht davon ausgehen, dass jede Pension, vor allem in der Hochsaison, über ausreichend Kindersitze, -hochstühle oder -bettchen verfügt. Sicherheitshalber empfiehlt es sich, bei der entsprechenden Unterkunft schon vor Reiseantritt nachzufragen. Babynahrung und Windeln können Sie ohne Probleme vor Ort kaufen.
Ein paar Tricks und Kniffe sind hilfreich, damit längere Fahrzeiten nicht zur Tortur werden: Zum Toben auf Grünanlagen von Raststätten bieten ein Ball oder ein Federballset, das Sie griffbereit

im Auto haben, Abwechslung. Überhaupt sollten Sie darauf achten, dass Sie mit Kindern an einem Tag nicht länger als sechs bis acht Stunden fahren und alle zwei Stunden eine Pause einlegen. Sinnvoll ist auch, immer etwas Reiseproviant im Gepäck zu haben: am besten fettarme und leichte Kost wie Obst und Gemüsestücke, außerdem Mineralwasser, Tee oder verdünnte Säfte – und eine Rolle Haushaltstücher, um deren Spuren zu beseitigen.

Wandern mit dem Nachwuchs – kein Problem

Ein unvergessliches Highlight für Ihre Kinder ist mit Sicherheit eine Klammwanderung. Die meisten kleinen Wanderer sind schon begeistert, wenn sie sehen, wie das Wasser tropft, dröhnt und rauscht. Noch aufregender wird es, über Steige und Treppen zu gehen und hinunter in die Tiefe zu schauen. Höhlen und dunklere Abschnitte sorgen zwar vorübergehend für ein mulmiges Gefühl, aber wenn Ihr Nachwuchs den abenteuerlichen Weg geschafft hat, ist der Stolz hinterher umso größer.

Doch auch weniger spektakuläre Wanderungen müssen für Kinder nicht langweilig werden. Stecken Sie – je nach Alter – Eimer und Schaufel ein oder Korken, Zahnstocher und Schnur, aus denen sich ein kleines Floß zum Spielen am Wasser bauen lässt.

Kleinere Kinder haben Sie übrigens in unwegsameren Gelände gut im Griff, wenn Sie sie „an der Leine haben" mit dem Gurt, mit dem sie auch im Kinderwagen angeschnallt werden. Rückentragen mit Sonnendach sind zwar eine tolle Erfindung, werden allerdings nach einer Weile sehr schwer. Zum Skifahren sind sie ungeeignet, da das Risiko besteht, dass die Füße des Kindes erfrieren. zunächst unbemerkt! – erfrieren.

Toben und entspannen: In Kärnten kommen alle auf ihre Kosten

Essen & Trinken

In Kärnten kann man fast überall gut essen, wird freundlich bedient und das Preis-Leistungs-Verhältnis stimmt im Großen und Ganzen auch.

Bodenständig & deftig

Backhendl und Almochsengulasch, hauchdünn geschnittenes Essigfleisch vom weißen Scherzel (Rindersteak) mit Kernöl, faschierte Laibchen mit Erdäpfelpüree und Schupfnudeln mit roten Rüben – Kärntner Spezialitäten sind meist bodenständig und mitunter deftig. Manchmal braucht man auch eine kleine Übersetzungshilfe, um die Speisekarte zu verstehen (siehe Kasten rechts).

Fastfood & italienisch

Die österreichische und typisch kärntnerische Küche finden Sie überall – im Haubenrestaurant ebenso wie im Gasthof und in der Buschenschenke. Ausländische Küche ist überwiegend mit italienischen sowie einigen chinesischen Lokalen vertreten, und internationale Fastfoodketten kennt man hier natürlich auch.

Not macht erfinderisch

Die Ursprünge der einfachen Schmankerln gehen auf die Zeit der Feudalherrschaft zurück. Die leibeigenen Bauern mussten damals beim Adel und Klerus das gute Fleisch abliefern. Ihnen selbst blieben zum Verzehr nur Haxen, Schweinsköpfe und Innereien. Maischl nennt sich zum Beispiel ein bäuerliches Gericht, das aus gehacktem Schweinefleisch, Herz, Lunge, Graupen und Kräutern besteht und eingebunden in ein Darmnetz gebraten wird. Als Beilage kommen Bratkartoffeln auf den Tisch. Die arme Landbevölkerung kreierte vor allem auch aus Milchprodukten, Getreideerzeugnissen, Gemüse und Kräutern Rezepte, die bis heute existieren. Schmackhafte Nudel- und Gemüsegerichte, Suppen und Süßspeisen, die ehemals auf dem Speisezettel standen, erfahren eine Renaissance. Fantasievolle Köche und Köchinnen verfeinern heimatliche Spezialitäten und passen sie zeitgemäßen Essgewohnheiten an.

Kleines Küchenlexikon

Backhendl – paniertes Hähnchen
Erdäpfel – Kartoffeln
faschiertes Laibchen – Bulette
Fisolen – grüne Bohnen
Karfiol – Blumenkohl
Kletzen – Dörrbirnen
Kren – Meerrettich
Kukuruz – Mais
Marille – Aprikose
Palatschinken – dünner Pfannkuchen
Paradeiser – Tomaten
Porree – Lauch
Ribisel – Johannisbeeren
Rollgerste – Graupen
rote Rüben – Rote Bete
Schlagobers – Schlagsahne
Schwammerl – Pilze
Selchkarree – Kasseler
Slibowitz – Zwetschgenschnaps
Topfen – Quark
Vogerlsalat – Feldsalat
Weichsel – Sauerkirsche

Pasta à la Österreich

Nationalgericht sind die Kärntner Nudeln, die in manchen Regionen auch Krapfen heißen. Allerdings handelt es sich streng genommen weder um Nudeln noch um Krapfen. Es sind vielmehr kleinere oder größere Teigtaschen, ähnlich den italienischen Ravioli. Sie werden mit einer herzhaften oder süßen Mischung gefüllt und in Salzwasser gekocht. Am bekanntesten sind wohl die Kasnudeln, die mit Kartoffeln, Quark und Kräutern gefüllt werden. Aber auch Varianten mit Schinken, Fleisch, gemischtem Gemüse oder Spinat schmecken pikant. Gerade bei Kindern stehen die vielseitig variierbaren Teigtaschen ganz oben auf der Beliebtheitsskala. Viele Wirte servieren ihren Gästen verschiedene Nudelsorten zum Probieren und nennen die Mischung „Nudl-Kudl-Mudl".

Frisch vom Bauernhof

Ob Bauernmärkte, Buschenschenken, Hofläden oder regionale Veranstaltungen – die selbst hergestellten Qualitätsprodukte der Kärntner Bauern liegen voll im Trend. Wo es Speck, Würstl, knuspriges Brot, Öl und Most zu kaufen gibt, darüber informiert Sie der ***Landesverband bäuerlicher Direktvermarkter,*** *Museumgasse 5, A-9020 Klagenfurt, Tel. 0463-58 50-13 93, direktvermarkter@lk-kaernten.at, www.gutesvom bauernhof.at. Dort bekommt man auch den aktuellen Kärntner Buschenschankführer.*

Kärntner Kasnudeln erinnern an die italienischen Ravioli

Suppe, Sterze & Co

Reich ist die Auswahl an kräftigen Suppen, wie Strudelsuppe mit fein in Streifen geschnittener Lunge, Knoblauchsuppe, Farferlsuppe (aus Mehlkügelchen), Leberknödelsuppe und Kräuterrahmsuppe. Aus Mais und Buchweizen werden Sterze (gedünstete Mehlbreie) gemacht. Eine Spezialität, die man sich in der Pilzsaison nicht entgehen lassen sollte, sind Semmelknödel mit gedünsteten Schwammerln (Pilzen, z. B. Pfifferlingen) in Rahmsauce.

Gemüse – fein oder rustikal

Im Frühjahr, wenn die Obstbäume blühen, reckt sich auch der Spargel der Sonne entgegen, besonders im Lavanttal. Im Herbst haben die Lavanttaler Wirte „Schmankalan" aus der Kürbisküche auf der Speisekarte: von Cremesuppen und Eintöpfen über Beilagen wie Kürbispüree bis hin zu Desserts und Kürbiskernöl zum Salat.

Fisch & Fleisch

Zander und Waller aus den Seen, Forelle und Saibling aus Gebirgsbächen serviert man hier schmackhaft. Einfach und köstlich ist in Mehl gewendete und in der Pfanne gebratene Forelle, serviert mit Kräutersauce, Salzkartoffeln und grünem Salat. Zanderfilet wird etwa mit Lauchzwiebeln, Tomaten und Basilikum gedünstet. Unter den Fleischgerichten zählen Lamm- und Schweinsbraten zu den Offenbarungen der heimischen Küche. Zu Letzterem essen die Kärntner am liebsten Semmelknödel, Möhren (gelbe Rüben) oder Sauerkraut (Zottelkraut).

Herbstschmaus Wild

Zur Jagdzeit bringen auch Hirsch, Reh, Gämse und Federwild Abwechslung auf den Speiseplan. Rund um den Martinstag (11. November) laden die „Ganslwirte“ zum Gänse- und Entenschmaus ein, bei dem auch der junge Rotwein aus dem benachbarten italienischen Friaul-Julisch Venetien verkostet wird.

Himmlische Mehlspeisen

Topfen- und Apfelschmarrn (in der Pfanne gebackener, zerteilter Pfannkuchenteig), Kletzennudeln (Teigkugeln mit Dörrbirnen-Füllung), Germkrapfen (mit Marmelade gefüllte Hefeklöße) und Kirschmandeltascherln setzen Mehlspeisen-Fantasien keine Grenzen. Auch eine Süßspeise namens „nackerter Bua“ ist eine Sünde wert. Sie hat übrigens nichts mit einem unbekleideten Jungen zu tun, ist allerdings wegen des darin enthaltenen Alkohols für Ihren Nachwuchs nicht geeignet.

Ein Picknick mit Spezialitäten frisch vom Bauernhof (siehe Kasten S. 15)

Was Kinder gern essen

Für Kids ist kulinarisch aber mit Sicherheit gesorgt: Die in vielen Wirtshäusern und Restaurants offerierten Kinderteller bieten oft Pommes in Kombination mit Schnitzel, Würstl und Fischstäbchen, doch auch gesunde Kost für die Kleinen mit Gemüse und magerem Fleisch oder Fisch ist keine Seltenheit mehr.
Wer nun den Eindruck hat, die Kärntner Küche sei nichts, um schlank zu bleiben, liegt völlig richtig. Dennoch ist man natürlich nicht ständig auf Deftiges und Süßes angewiesen. Leichte, gemischte Salate bieten gerade im Sommer eine willkommene Abwechslung.

Flüssige Kost

Das traditionelle Getränk des südlichsten Bundeslands Österreichs ist der Most, ein Obstwein, der vor allem im Lavanttal erzeugt wird. Streuobstwiesen mit zahlreichen alten Apfel- und Birnensorten liefern das Obst für dieses erfrischende und alkoholarme Getränk. Durch eine zweite Gärung entsteht der zart perlende Frizzante oder Schaumwein. Wenngleich in Kärnten mehr Bier als Wein konsumiert wird, wird im südlichsten Bundesland doch zunehmend mehr Wein angebaut und auch getrunken.

KINDERFREUNDLICHE BADESEEN

Baden im Land der Seen

Das Land der Seen bietet Urlaubern ein riesiges Angebot an Bademöglichkeiten. Überall dort, wo es nicht ausdrücklich verboten ist – etwa weil Sie sich in einem Naturschutzgebiet befinden –, ist Baden erlaubt. An keinem der Badeseen müssen Sie mit gefährlichen Strömungen rechnen.
Fast an jedem See reiht sich ein Strandbad ans nächste, deshalb wird in diesem Kapitel darauf verzichtet, jedes einzelne im Detail zu beschreiben. Familien können sich überall gut aufgehoben fühlen, denn Ausstattung, Sauberkeit und Freizeitangebote entsprechen hohen Maßstäben. So verfügen alle Bäder über seicht abfallende Einstiege ins Wasser: Meist handelt es sich dabei um aufgeschüttete Sand- oder Kieselstrandabschnitte. Liegewiesen und sanitäre Anlagen gehören ebenso wie große Holzstege zum Standard. Man kann sich darauf verlassen, in jedem Bad ein schattiges Plätzchen unter Bäumen oder einen Sonnenschirm zu finden. In der Regel sorgen kleine Restaurants oder Snackbars für das leibliche Wohl.

Spaß und Erholung für die ganze Familie garantieren Kärntens Strandbäder

Badewasser in Trinkqualität

Als vor 50 Jahren eine Algenpest die Kärntner Seen verseuchte, begann man, Kanalisationsanlagen zu bauen, um die Gewässer künftig sauber zu halten. Mittlerweile sind mehr als 1.200 Kilometer Ringleitungen und Kanäle entstanden, die die Abwässer der Ufergemeinden sammeln, reinigen und ableiten. Heute werden die stehenden und fließenden Gewässer ständig kontrolliert und besonders das Wasser der Badeseen mehrmals im Jahr gründlich untersucht. Fest steht: Die Kärntner Badeseen sind so sauber, dass ihnen vom Umweltschutzamt der Landesregierung Trinkwasserqualität bescheinigt wird.

Geöffnet sind die Bäder von Mitte Mai bis Mitte September von 9 bis 18 Uhr, im Sommer fast immer bis 20 Uhr. Großes Plus: Die Kärntner Gewässer erwärmen sich ziemlich schnell – Garantie für Badespaß bei Wassertemperaturen bis zu 28 Grad. Die Eintrittspreise für Erwachsene liegen zwischen € 2,70 und € 4,20, für Jugendliche ab 15 J. zwischen € 2,70 und € 3,20 und für Kinder zwischen € 1 und € 3.

Millstätter See

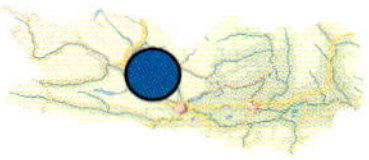

Zwischen dem Nationalpark Nockberge und den Karnischen Alpen erstreckt sich der zwölf Kilometer lange und bis zu 148 Meter tiefe Millstätter See. Acht Orte, die teils am See, teils im Drautal liegen, zählen zu dieser Region: Döbriach, Millstatt, Seeboden, Spittal an der Drau, Lendorf, Baldramsdorf, Ferndorf und Fresach. Seine geschützte geografische Lage und besonders viele Sonnentage im Jahr haben ihm den Beinamen „Italiens nördlichster Badestrand" eingebracht. Nicht zuletzt, weil Berge und Himmel sich hübsch im Wasser spiegeln, nennen die Einheimischen, mit einem Faible

Auf der „Black Pearl" (siehe Kasten) wird Ausschau nach Beute gehalten

für Superlative, den Millstätter See die „schönste Badewanne Österreichs". In etwa einem Dutzend Strandbädern rund um den See [Infos: Millstätter See Tourismus GmbH, Marktplatz 14, A-9872 Millstatt, Tel. 04766-370 00, info@millstaettersee.at, www.millstaettersee.at] und vielen familienfreundlichen Hotels, Gasthöfen, Pensionen und Ferienwohnungen ist jede Menge Action für Kids und Teenies angesagt. Cooler Urlaubsspaß steht besonders in **Seeboden** im Mittelpunkt. Schwimmen, Paddeln, Segeln, Surfen, Wasserski und Bananefahren versprechen das totale Wassererlebnis. Ob Show, Streichelzoo oder Ponyreiten – hier ist immer viel los. Beim Beachvolleyball, Skateboarden, Streetball und Inlineskating im Fun-Park oder auf einer Strandparty toben sich die Jugendlichen aus. Ob Wassersport oder Kasperltheater – die aktuelle „Revue rund um den Millstätter See", die Sie bei der **Millstätter See Tourismus GmbH** (siehe oben) erhalten, informiert über das gesamte Kinderanimationsprogramm der Gemeinden und über Sommerveranstaltungen rund um den See.

Eine Piratenfahrt, die ist lustig ...

*Von Seeboden oder Döbriach aus sticht abwechselnd während der Zeit von Ende Mai bis Anfang September wöchentlich das betreute **Piratenschiff „Black Pearl"** in den Millstätter See: Auf dem Törn verwandeln sich die unternehmungslustigen Kinder (bis 6 J. nur in Begleitung Erwachsener) in echte Freibeuter. Tickets und Fahrplan gibt es beim **Infocenter Millstätter See,** Thomas-Morgenstern-Platz 1, 9871 Seeboden, Tel. 04766-370 00, info@millstaettersee.at, www.millstaettersee.at. Pro Person € 20, Kinder bis 3 J. frei.*

Im alten Badeort **Millstatt** mit seinen schönen Villen kann man z. B. im Strandbad vom zwölf Meter hohen Sprungturm ins Wasser tauchen, sich ein Elektro- oder Tretboot ausleihen und das Erlebnis-Hallenbad genießen. Das Millstätter Strandbad ist auch für kleine Kinder gut geeignet, weil der Sandstrand sanft in knietiefes Wasser übergeht. Dieser Badeabschnitt ist mit Holzstegen abgegrenzt, außerhalb davon sind nur Schwimmer zugelassen.
Entlang der Seeuferpromenade, wo Enten und Schwäne im Wasser dümpeln, führt ein hübsch angelegter Weg über kleine Brücken zu Bootsanlegestellen und schattigen Plätzchen unter Trauerweiden und Linden. Eine besonders schöne Sicht auf den See hat man vom Millstätter Hochplateau aus, auf dem für Golfer ein 18-Loch-Platz angelegt ist.
In **Döbriach** am Ostende des Millstätter Sees finden Sie Naturstrandbäder mit flachen Sandstränden und auch Campingplätze.

Biobrot mit Seeblick

Zur Schönen Aussicht *heißt der Gasthof von Uschi und Franz Glabischnig, der im Millstätter Ortsteil Öttern auf 1.004 Metern Höhe liegt – mit einem traumhaften Blick auf den See und die Bergkette von Slowenien über die Hohen Tauern bis Italien. Man stärkt sich bei Kärntner Gerichten und Bioprodukten wie Brettljausn, Gröstl, Kasnocken und selbst gebackenem Vollkornbrot, „wie ma's früher g'habt hat". A-9872 Millstatt, Tel. 04766-26 23, schöene.aussicht@aon.at, www.sennerei.at. Anf. Mai-Anf. Okt. tägl., Mai/Juni, Sep Mi geschl.*

Anfahrt: *A 10 bis Knoten Spittal/Millstätter See, weiter nach Seeboden.*

(Nicht nur) für kleine Nixen gut geeignet ist das Millstätter Strandbad

Brennsee und Afritzer See

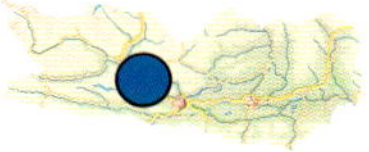

In ursprünglicher Natur mit weitgehend unverbauten Ufern, umrahmt von bewaldeten Berghängen, tauchen an der Straße von Radenthein nach Villach, der B 98, zwischen Feld am See und Afritz zwei kleine, längliche Seen auf. Der Brennsee und der Afritzer See, sagen Geologen und so weiß es auch eine Sage, waren einmal ein einziger, großer See, der in vorgeschichtlicher Zeit durch Erderschütterung und herabstürzende Gesteinsmassen geteilt wurde (siehe Kasten S. 52).

Sport ist Programm

Die Gegend ist wie geschaffen für Urlauber, die abseits des Trubels die Natur genießen wollen. Allerdings sind sie nicht ganz allein: Sport zu Wasser, im Tal und auf den Bergen ist in **Feld am See** Programm [Info: Tourismusinformation Feld am See, Rathausstr. 25, A-9544 Feld am See, Tel. 04246-22 73, sigrid.ofner@ktn.gde.at, www.tiscover.at/feld-am-see], vor allem am Nordufer des **Brennsees**. Dort kann Ihr Kind nicht nur planschen und schwimmen (lernen), sondern hat auch Gelegenheit zu vielen anderen Sportarten. Fachgerechte Anleitung bietet z. B. die **Sportschule Krainer**. Da üben schon die Jüngsten das Surfen und das Segelsetzen. Vor der Haustür beginnen Mountainbike-Touren, für die die Kids mit Helm und Rädern ausstaffiert werden. Schutzausrüstung ist auch beim Inlineskaten selbstverständlich [Sportschule Krainer-Wulschnig, A-9544 Feld am See, Tel. 04246-31 88, info@sportschule.at, www.sportschule.at. Kindersegeln (5 x 1,5 Std.) € 85].

Vergnüglicher „Ausritt“ auf dem Afritzer See

Ruhe für Petrijünger

Wer dem sportlichen Rummel entgehen möchte, besucht den etwas ruhigeren **Afritzer See** [Info: Tourismusinformation Afritz, Schulstr. 2, A-9542 Afritz am See, Tel. 04247-21 26, info@afritz-am-see.at, www.tiscover.at/afritz]. Wegen ihres Fischbestands sind die moorigen Seen auch bei Petrijüngern sehr beliebt. So mancher Urlauber zieht hier Hecht, Karpfen, Zander, Barsch oder Wels an Land. Ansonsten geht es beschaulich zu. Kühe weiden auf Wiesen bis in Ufernähe, dörfliche Siedlungen liegen dort, in denen dunkle Holzhäuser, spitze Kirchtürme und üppiger Blumenschmuck die „Highlights“ bilden.

Anfahrt: *B 98 südlich von Radenthein bis Feld am See.*

Wer Natur und Einsamkeit sucht, wird am Weißensee fündig

Weißensee

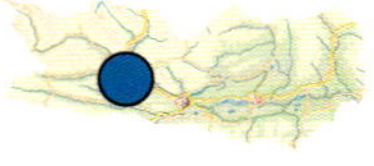

Abseits des Straßenverkehrs empfiehlt sich einer der am höchsten gelegenen Badeseen der Alpen (930 m) als Tipp für Landschaftsgenießer. Lange, unverbaute Uferzonen geben dem fjordähnlichen, zwölf Kilometer langen Weißensee und seiner unter Landschaftsschutz stehenden Umgebung einen unverwechselbaren Charakter.

Zwei öffentliche Strandbäder versprechen Badespaß für Groß und Klein im bis zu 24 Grad warmen Wasser [Info: Weißensee Information, Techendorf 90, A-9762 Weißensee, Tel. 04713-222 00, info@weissensee.at, www.weissensee.com]. Leicht finden Sie auch selbst einen gemütlichen Platz, an dem es flach ins Wasser hineingeht: So liegt etwa am Südufer zwischen Naggl (Parkplatz) und Paterzipf (Schiffsanlegestelle) eine hübsche Badestelle zwischen Schilf und Wiesen – nett auch für ein Picknick im Grünen. Der weißliche Uferkalk, die sogenannte Weiße, gab dem See seinen Namen und bewirkt die türkisblaue Färbung des Wassers. 24 Fischarten leben im See, Renken, Karpfen, Hechte und die bis zu einem Meter lange Seeforelle kommen am häufigsten vor. Ein ideales Revier also für Angler – falls ihnen die Beute nicht schon Kormorane weggeschnappt haben.

Wandern auf dem Wasser

Motorboote sind tabu, lediglich das Wasserskiboot und die Linienschiffe ziehen ihre Bahnen über die Wasseroberfläche. Wenn Ihnen das idyllische Fleckchen zu langweilig wird, machen Sie einfach eine Wanderung. Von den Anlegestellen der Weißensee-Flotte aus erschließen sich zahlreiche Wege. Wandern können Sie übrigens nicht nur in den Bergen, sondern auch auf dem See: im Kanu, begleitet von einem Seewanderführer [Zu buchen bei der Weißensee Information, Preise erfragen].

Anfahrt: *Von Hermagor auf der B 87 bis Techendorf.*

Pressegger See

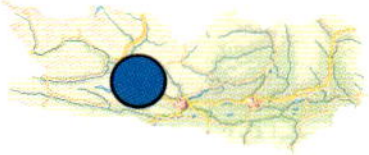

Der angenehm temperierte, kleine See am Fuß der Karnischen Alpen gilt als Familienanziehungspunkt in der Naturarena des Gailtals. Umrahmt von einem langen Schilfgürtel, ohne Motorbootlärm, dafür mit Strandbädern und Kindererlebnisarealen ist der Pressegger See ein Dorado für Spiel, Spaß und Entspannung.

Hüpfburg und Nautic Jet

Am Nordufer des Sees, kurz vor **Hermagor**, liegt der **1. Kärntner Erlebnispark**, der mit vielen Hits für kleinere und größere Kids aufwartet, wie etwa Trampoline, Kletterturm und Sandbaggern. Da geht's lustig zu beim Klettern auf der „Spinne", Toben auf der Hüpfburg oder beim Formel-1-Rennen. Über eine Holzbrücke gelangt man zum Nautic Jet, mit dem Klein und Groß kreischend ins Wasser platschen. Ein eigenes Kinderland gibt es für die Jüngsten bis sechs Jahre.

Nahtlos geht der Erlebnispark in das Strandbad über: In Ufernähe gelangen Sie in den Liegewiesen- und Badebereich, in dem ein Baby-Planschbecken, Boote, Surfbretter und eine Riesenwasserrutsche als Attraktionen locken. In der Nähe des Seerestaurants führt ein Steg mit Treppe ins Wasser, nicht ganz seicht ist der Einstieg vom groben Kiesstrand aus. Dahinter führt die „Rialtobrücke" zum Ruhe- und Erholungsbad mit Strandbuffet [A-9620 Pressegger See, Tel. 04282-33 88, info@erlebnis

Öko-Schwimmen

*Das **Naturschwimmbad,** zwei Kilometer nördlich von Hermagor, bietet ohne chemische Zusätze aufbereitetes Badewasser. Die Hälfte der rund 1.300 Quadratmeter Wasserfläche ist Wasserpflanzen vorbehalten, die für Reinigung und Aufbereitung des Wassers sorgen. Für Kleinkinder und Nichtschwimmer gibt es einen eigenen Seichtwasserbereich. Liegewiese, Spielplatz und Strandbuffet sind ebenfalls vorhanden. Infos: Tourismusinformation Hermagor, Wulfeniaplatz 1, A-9620 Hermagor, Tel. 04282-204 30, info@hermagor.at, www.hermagor.at. Naturschwimmbad: Mai-Sep tägl., Eintritt Erw. € 3, Kinder (6-15 J.) € 1,50.*

Im Erlebnispark befördert der Nautic Jet seine Fracht ins kühle Nass

park.cc, www.erlebnispark.cc. Mai-Sep tägl. 9-18 Uhr, Eintritt (ab 4 J.) € 15 inkl. ein Sonnenschirm pro Familie und eine Liege pro Erw.].

Nebenan wartet schon das nächste Bad: das ebenfalls weitläufige **Strandbad Hermagor** mit Liegewiese und Sonnenschirmen, Beachvolleyball, Tischtennis, Minigolf, Ruder- und Tretbooten. Am Kiesstrand geht es seicht hinein in den See, ältere Kinder klettern vom Holzsteg aus über Treppen ins kühlende Nass. Eine eigene Kiesbucht gehört den Kleinen: Ein Spielplatz mit abgegrenztem Teich, Mini-Wasserfall, Kletterburg und Hängebrücke, die auf eine Mini-Insel führt [A-9620 Pressegger See, Tel. 04282-26 68, hermagor.umwelt@ktn.gde.at, www.hermagor.at. Mai-Sep tägl. 9-18 Uhr, Erw. € 3,80, Kinder (6-15 J.) € 2,20, Sonnenschirm € 2,20, Kabine € 2,40, Liege € 3,30, Ruderboot/Std. € 5, Tretboot/Std. € 7].

Wenn Sie jetzt noch ein passendes Quartier suchen, da ist es: das **Familien-Feriendorf am Pressegger See** mit sehr geschmackvoll und zugleich zweckmäßig ausgestatteten Ferienhäusern und Apartments aus Holz, mit Aktivitätenprogramm und Kinderbetreuung sowie einer idyllischen Sauna am See [Familien-Feriendorf, Fam. Christian Richter, Pressegger See 7, A-9620 Hermagor, Tel. 04282-446 09, office@familienferiendorf.at, www.familienferiendorf.at].

Anfahrt: *Auf der B 111 nach Presseggen.*

Der Pressegger See ist vor allem bei Familien beliebt

Gelungenes Anlegemanöver am Ufer des Ossiacher Sees

Ossiacher See

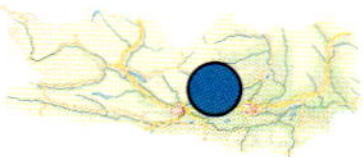

Nordöstlich von Villach liegt in der Talfurche zwischen Gerlitzen (1.911 m) und Ossiacher Tauern der grünblaue Ossiacher See. Das drittgrößte Badegewässer Kärntens ist elf Kilometer lang und hat eine mittlere Tiefe von 20 Metern. Die eigentümliche, dunkle Wasserfarbe rührt von seinem Reichtum an pflanzlichem Plankton her. Dank seiner klimabegünstigten Lage erreicht der See im Uferbereich im Sommer bis zu 27 Grad. Angler schätzen das Gewässer seiner zahlreichen Fische wegen: Außer Forellen schwimmen darin Zander, Hechte, Karpfen und beachtlich große Waller. Die wenigen naturbelassenen Uferstreifen wurden zu Naturschutzzonen erklärt.

Keine Sorge, baden können Sie trotzdem. Am besten in den Strandbädern rund um den See. Einige von ihnen bieten nicht nur sämtliche Spielarten des Wassersports und Kinderspielplätze, sondern auch die Möglichkeit zu Beachvolleyball und Inlineskaten. Äußerst umfangreich ist im Juli und August das Kinderprogramm in den beiden Hauptorten des Sees – in **Bodensdorf** [Infos:

Der Ossiacher See ist der drittgrößte Badesee Österreichs

Tourismusinformation Bodensdorf-Steindorf-Tiffen, 10.-Oktober-Str. 1, A-9552 Bodensdorf, Tel. 04243-83 83 23, info@steindorf.at, www.region-villach.at] und **Ossiach** [Infos: Tourismusinformation Ossiach, Ossiach Nr. 8, A-9570 Ossiach, Tel. 04243-497, ossiach-tourist@ktn.gde.at, www.ossiach.com]. Auf dem See verkehren von Mai bis Oktober Linienschiffe, die nach Fahrplan etliche Orte am Ufer anlaufen, auch Rundfahrten werden angeboten. In Annenheim am Nordwestufer führt die Seilbahn auf die Kanzel (1.500 m), einen Vorberg der Gerlitzen – wegen seiner sonnigen Lage und vieler Wandermöglichkeiten ein beliebtes Familienausflugsziel. Bunte Akzente am Himmel setzen die Paraglider, die hier sehr gute Flugbedingungen vorfinden. Das lebhafteste Touristenzentrum am See ist Bodensdorf. Sehenswert ist in Steindorf das „Steinhaus" des Kärntner Architekten Günther Domenig im Südosten des Ossiacher Sees auf einem 4.000 Quadratmeter großen Grundstück [Uferweg 31, 9552 Steindorf. Juli/Aug Führungen nach Vereinbarung unter Tel. 0650-328 89 54 o. 464 62 40]. Weiter im Südosten finden Sie das ehemalige **Benediktinerstift Ossiach** und den gleichnamigen Ort. Das Kloster, im 11. Jahrhundert gegründet und 1783 aufgehoben, war sehr lange Zeit religiöses und geistiges Zentrum der Region. Obwohl in Ossiach keine Mönche mehr leben, werden Stift, heute Hotel-Restaurant, und Kirche (siehe Kasten unten) wegen ihrer Kunstschätze und der Höhepunkte des Carinthischen Sommers gern besucht. Die Gemeinde Ossiach selbst ist ein Tourismusort mit Badeanlagen, Gasthöfen, Sommerrodelbahn und Sportattraktionen.

***Anfahrt**: A 10 bis Knoten Villach/Ossiacher See, weiter nach Ossiach.*

Barocke Pracht

*Die ehemalige **Klosterkirche** des Benediktinerstifts Ossiach, das um 1000 n. Chr. der bayerische Graf Ozi I. gründete, birgt eine wunderbare Barockausstattung. Fresken und Gemälde stammen vom Kärntner Josef Ferdinand Fromiller, die Stuckaturen von Wessobrunner Mönchen. Pfarramt Ossiach, Tel. 04243-22 80, pfarre-ossiach@aon.at, www.pfarre-ossiach.at. 1.-9. Jan tägl.10-17, 10. Jan-17. April, 18. April-1. Nov tägl. 9-18, 2. Nov-17. April Sa/So 10-17, Weihnachtszeit tägl. 10-17 Uhr, Eintritt frei.*

Faaker See

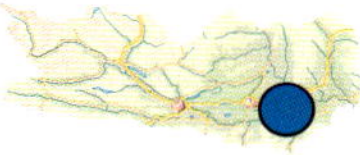

Südöstlich von Villach, am Fuß des markanten Mittagskogels (2.143 m), liegt der südlichste Badesee Kärntens. Einen schönen Blick auf den See und die Berge haben Sie von der Straße zwischen Drobollach und Egg aus: Dort steht unter einer alten Linde ein barocker Bildstock, ein beliebtes Fotomotiv. Der westliche Teil des Sees ist Moor- und Schilfgebiet mit Biotopen und Tümpeln, ein unberührtes Brutgebiet für Sumpf- und Wasservögel. Die bewaldete Halbinsel mit flacher Lagune und die ebenfalls bewaldete Insel verleihen dem See zusätzlichen Reiz.

Tretboot-Törn

Eine Tret- oder Elektrobootfahrt entlang des Schilfgürtels und um die Insel sollten Sie sich nicht entgehen lassen [Bootsverleihe rund um den See in Drobollach, Egg und Faak. Mai-Okt tägl. geöffnet, z. B. Tretboot € 11].

In Faak, Egg und Drobollach fordern mehrere öffentliche Strandbäder mit flachem Kies- oder Sandstrand sowie Privatbäder der Hotels und Pensionen zum Schwimmen, Segeln, Surfen und Paddeln auf. Sportschulen führen in diese Wassersportarten sowie Tennis und Golfen ein [Infos: Tourismusinformation Faaker See, Dietrichsteiner Str. 2, A-9583 Faak am See, Tel. 04254-211 00, faakersee@ktn.gde.at, www.region-villach.at].

Anfahrt: *A 10/11 bis Knoten St. Niklas/Faaker See nach Egg.*

180 Loks und 800 Waggons ...

*Ein Ausflug führt Eisenbahnfans ins **Modellbahnparadies** in Faak am See. 180 Lokomotiven und 800 Waggons sind in naturnaher Landschaft auf vier Ebenen und 200 Quadratmetern unterwegs. Die Märklin-Ho-Anlage zeigt Züge wie Orientexpress, ICE, TGV sowie eine beeindruckende Nachtsimulation mit Licht- und Klangschau. Auch wenn man mit der Hightech-Anlage nicht selbst spielen darf, anschauen lohnt sich trotzdem. Marktplatz 1, A-9583 Faak am See, Tel. 04254-43 26, office@modellbahnparadies.at, www.modellbahnparadies.at. Ende März-Mitte April tägl. 13-17, Mai, Juni, Sep Di-So 13-18, Juli, Aug tägl. 10-18, Okt Do-So 13-17 Uhr. Erw. € 6, Kinder (3-16 J.) € 3.*

Feine Kalkpartikel sorgen für das leuchtende Blau des Faaker Sees

Wörthersee

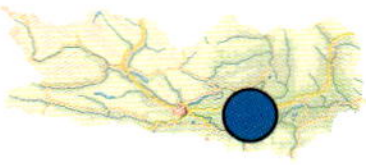

„Hier ist es allerliebst: See, Wald, darüber blauer Bergebogen, schimmerndes Weiß im reinen Schnee ...“ So schwärmte der 44-jährige Johannes Brahms, als er 1877 seinen ersten Sommer am Wörthersee verbrachte. Stimmung und Natur fing er in seinen Kompositionen ein, sodass ein Freund, der Brahms' Musik hörte, meinte: „Das ist ja lauter blauer Himmel, Quellenrieseln, Sonnenschein und kühler, grüner Schatten. Am Wörthersee muss es doch schön sein!“

Der See ist 17 Kilometer lang, bis zu 1.600 Meter breit, und die tiefste Stelle misst 86 Meter. Mondäne Gemütlichkeit zieht die Schickeria aus ganz Europa an. An seinem vielerorts von alten und neuen Villen oder Hotels verbauten Ufer wird traditionell Beschaulichkeit gepflegt – und natürlich gebadet: In den Gemeinden der Region, in Klagenfurt, Krumpendorf, Moosburg, Pörtschach, Techelsberg, Velden, Schiefling und Maria Wörth, zählt man mehr als 20 Strandbäder [Infos: Wörthersee Tourismus, Villacher Str. 19, A-9220 Velden, Tel. 04274-38 28 80, info@woerthersee.com, www.woerthersee.com]. DAS Strandbad am Wörthersee ist das nostalgische **Strandbad Klagenfurt** am Metnitzstrand. Mit 45.000 Quadratmetern gilt es als eines der größten Binnenbäder Europas. An heißen Sommertagen suchen hier bis zu 16.000 Menschen Abkühlung. Sie dösen vor grün-weißen Badehütten, die Kleinsten bauen Sandburgen am 300 Meter langen, sandigen Ufer, planschen im seichten Wasser am Strand, und Liege an Liege bevölkern die Sonnenanbeter die breiten Holzstege. Kleiner und familiärer geht es in den Strandbädern Maiernigg und Loretto zu.

Action bei den Seekids

Ferien mit den Eltern und Ferien von den Eltern – das lässt sich in ***Pörtschach*** *prima miteinander verbinden. Denn bei den Seekids, dem* ***Sommersportcamp*** *für Kinder, ist Action angesagt. Da können sich die Sechs- bis 13-Jährigen austoben: Wasserski, Wakeboard, Schwimmen, Tennis, Beachvolleyball und Segeln stehen von Montag bis Freitag im Juli und August auf dem Programm. Sportlehrer und pädagogisch geschultes Personal sorgen für sachkundige Anleitung und Betreuung. Monte-Carlo-Platz, A-9210 Pörtschach, Tel. 0660-214 14 97, michi@seekids.at, www.seekids.at. Fünf-Tages-Arrangement halbtags ab € 80, ganztags ab € 140 inkl. Verpflegung aus der Küche des Parkhotels.*

Freizeitspaß ohne Grenzen

Am gesamten See sind die Freizeit- und Sportmöglichkeiten von Wassersport über Ballonfahren und Sommerrodeln bis zu Golfen und Inlineskaten fast unbegrenzt. In **Velden** können Sie tagsüber Kricket spielen und sich abends im Kasino amüsieren. Für Unterhaltung

sorgen Bars, Szenelokale und In-Kneipen sowie zahlreiche Konzerte. Musical-Highlights erklingen im Sommer auf der Seebühne.
Ganz nah und doch eine andere Welt ist das Gebiet um **Keutschach**, in dem vier Seen in einem Tal zwischen Wörthersee und Sattnitz-Rücken liegen. Es ist ein noch sehr ursprüngliches Areal für Camper und Badeurlauber, darunter auch für die Freunde der Freikörperkultur. Im (Textil-)Strandbad der Gemeinde Keutschach zum Beispiel finden sich eine Liegewiese mit schattenspendenden Bäumen, ein Steg mit Treppe ins Wasser sowie flache Einstiege in den See, in dem in Schilfnähe Enten und Blesshühner schwimmen [Infos: 4 Seental Keutschach Information, Keutschach 1, A-9074 Keutschach am See, Tel. 04273-245 00, info@keutschach.at, www.keutschach.at].

Anfahrt: *A 2 bis Velden, Pörtschach oder Klagenfurt.*

Blick aus der Vogelperspektive auf das Parkbad Krumpendorf am Wörthersee

Klopeiner See und Turner See

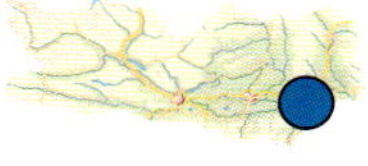

Südlich des Völkermarkter Stausees in einer Landschaft aus weiten Wiesen und Feldern, Wäldern und Berggipfeln im Hintergrund liegen die wärmsten Seen Kärntens. Vor allem der Klopeiner See mit einer Temperatur bis zu 28 Grad und der Turner See ziehen zahlreiche Badegäste an. Am **Klopeiner See** schätzen viele Besucher, dass er sich nicht nur wunderbar zum Schwimmen eignet, sondern drumherum auch ein buntes Freizeitprogramm geboten wird – gerade auch für kleine Urlauber. Alle Hotels, Pensionen und Ferienwohnungen liegen direkt am See oder an der Seepromenade und verfügen über ein eigenes Strandbad, das Hotelgästen kostenlos offensteht. Das Publikum in der beliebten Ferienregion ist bunt gemischt – vom Baby bis zum Opa. Alle Strandbäder und Badestellen sind auf Familien mit Kindern zugeschnitten: gefahrloser

Seezugang, eingefriedetes Kinderseebad, Sandkasten, Spielgeräte usw. sind in den meisten Fällen Standard [Infos: Tourismusregion Klopeiner See – Südkärnten, Schulstr. 10, A-9122 St. Kanzian am Klopeiner See, Tel. 04239-22 22, info@klopeinersee.at, www.klopeinersee.at]. Beinahe allumfassend ist das Sport- und Freizeitangebot. Die Palette reicht vom Wandern über Golfen bis zu Tennis. Auch Ponyreiten, Kutsch- und Planwagenfahrten, Mountainbiken, Radfahren auf ausgeschilderten Wegen und Inlineskaten sind hier vorherrschende Urlaubsaktivitäten.
Die Seen und Flüsse rund um den Klopeiner See gelten als gute Reviere für Angler, denen hier Hecht, Wels, Zander und Aal an die Angel gehen. Auch für Fliegenfischer gibt es gute Strecken. Für Kinder werden Schnupperkurse beim Fischen oder Naturabenteuer im Wald angeboten.

Der direkte Weg ins erfrischende Nass: Badesteg am Klopeiner See

Vögel und Frösche

*Mehr als 160 Vogelarten sind im **Sablatnigmoor** zwischen Eberndorf und Turner See zu Hause: Brutvögel wie Haubentaucher, Krickente, Zwergrohrdommel und Pirol. Während der Frühjahrs- und Herbstzüge bekommen Vogelfreunde sogar seltene Exemplare wie Kormoran oder Fischadler zu Gesicht. Machen Sie sich auch auf Amphibiensuche und entdecken Sie den Moorfrosch! Führungen: Anfang Mai-Ende Sep, Erw. € 5, Kinder (bis 15 J.) € 2,50. Anmeldung: Tourismusverein Eberndorf, Kirchplatz 1, A-9141 Eberndorf, Tel. 04236-22 21, eberndorf@eberndorf-info.at, www.eberndorf-info.at.*

Ursprüngliche Natur

Beschaulicher als der Klopeiner See wirkt der **Turner See** in unbebautem Naturschutzgebiet. Vom terrassenförmigen Areal des Strandbads aus ist das schilfumwachsene Gewässer über einen Kiesstrand zugänglich. Kinder freuen sich außerdem über einen Spielplatz.

***Anfahrt:** A 2 bis Völkermarkt-West, dann B 82 und rechts ab nach St. Kanzian.*

ZEHN TOUREN, DIE ALLEN SPASS MACHEN

Tour 1: Berggipfel und Goldrausch

Mölltal • Obervellach • Raggaschlucht • Heiligenblut Nationalpark Hohe Tauern • Franz-Josephs-Höhe

Wo: im Mölltal und Nationalpark Hohe Tauern – Wie: mit dem Auto und zu Fuß – Dauer: Tagesausflug – Nicht vergessen: feste Schuhe, wetterfeste und warme Kleidung, Rucksack mit Proviant und Getränk, Fernglas und wegen der kurvenreichen Hochalpenstraße ein Medikament gegen Reiseübelkeit

Auf ins Land des Wassers und der Berge! Sie erleben eine wildromantische Schluchtenwanderung und besuchen ein hübsches Bergdorf. Auf der Fahrt zum höchsten Berg Österreichs gelangen Sie durch mehrere Klima- und Vegetationszonen, sehen – mit etwas Glück – Murmeltiere und den größten Gletscher der Ostalpen mit einer majestätischen Gebirgskulisse.

Zunächst geht's immer an der Möll entlang. Zu diesem Fluss kommen Sie über die B 106, die bei Lurnfeld, nordwestlich von Spittal/Drau, direkt ins **Mölltal** abzweigt. Kurz hinter dem Ort breitet sich auf der linken Seite bald ein Stausee aus, der von der Möll und weiter im Norden liegenden Seen gespeist wird.

Da brat sich was zusammen: Gewitterwolken über Stallhofen im Mölltal

Großglockner-Erstbesteigung

Als vermeintlicher Sitz von Ungeheuern, Geistern und Hexen wurden die Berge lange von Menschen gemieden. Eine Expedition von 62 Männern, darunter neun Wissenschaftler aus Österreich und Bayern, machte sich vor rund 200 Jahren auf den Weg zum Gipfel. Nur sechs schafften es am 28. Juli 1800 bis ganz oben: Zwei Pfarrer gehörten zu den Ersten, die ihren Fuß auf den Gipfel stellten. Ihnen folgten vier weitere Bergsteiger, unter ihnen zwei Wissenschaftler. Alle anderen Teilnehmer mussten – am Ende ihrer Kräfte – vorher aufgeben.

Zwei Burgen und die „Heilige Sippe"

Kurz vor Stallhofen taucht zur Rechten eine mächtige mittelalterliche Burgruine auf: Sie besteht aus der Ruine Oberfalkenstein und der Burg Unterfalkenstein. Sie ist eine der ältesten Burgen Kärntens und heute in Privatbesitz. Ein Blick ins Innere ist daher leider nicht möglich. Dafür entschädigt der Blick vom Tal in die Berge: Der gewaltige Bogen einer Eisenbahnbrücke, die sich im Hintergrund von einem Bergrücken zum anderen spannt, macht ihn besonders dramatisch. Der nächste Ort auf Ihrer Strecke ist **Obervellach**, das sich zum touristischen Mittelpunkt des unteren Mölltals entwickelte [Tourismusbüro Obervellach, Obervellach 21, A-9821 Obervellach, Tel. 04782-25 10, info@obervellach.at, www.obervellach.at]. Im Spätmittelalter war hier das Bergbauzentrum der Gegend: Gold, Kupfer, Bergkristalle und Granate hat man in den Tauern gefunden. Nach dem Niedergang des Bergbaus wurde es ruhig im Ort, den erst der Bau der Tauerneisenbahn wieder belebte. Es lohnt sich, kurz anzuhalten und einen Blick in die Pfarrkirche St. Martin zu werfen. Denn das Triptychon auf dem Seitenaltar, geschaffen von dem niederländischen Renaissancekünstler Jan van Scorel, ist ein Prunkstück: In frischen Farben zeigt die „Heilige Sippe" die Verwandten Jesu Christi. Auf dem linken Flügel ist der heilige Christophorus abgebildet, rechts die heilige Apollonia.

Menü im Museum

*Einem kuriosen Panoptikum gleicht die **Zeitfabrik** des Mölltalerhofs, acht Kilometer von Winklern entfernt. Da erleben Sie anhand nachgebildeter historischer Figuren und Wandmalereien die Entwicklung des Menschen vom Urknall bis heute (Mai-Okt tägl. 11-17 Uhr, Erw. € 5, Kinder (7-15 J.) € 3, Familien € 12). Im **Gasthaus** gegenüber können Sie sich bei Schlemmerplatte und Kinderteller stärken und große Figuren in Volkstrachten bestaunen. Mölltalerhof, Lainach 45, A-9833 Rangersdorf, Tel. 04822-381, info@busheimat.at, www.busheimat.at.*

Einer der vielen Wasserfälle, die in der Raggaschlucht ins Tal stürzen

Diese Dame war zu ihrer Zeit wichtig als Helferin bei Zahnschmerzen. Deshalb malte sie Scorel auch mit einer Zahnzange in der Hand, die verglichen mit den heutigen Zahnarztinstrumenten eher wie ein Folterwerkzeug aussieht.

Auf Stegen über tosende Wasserfälle

Wie wäre es jetzt mit einer kleinen Wanderung? Dazu laden in der Umgebung von Obervellach gleich drei Schluchten ein. Aufregend und spektakulär ist der Gang durch die **Raggaschlucht** [Schmelzhütten, A-9831 Flattach, Tel. 04785-615, info@flattach.at, www.flattach.at. Mitte Mai-Mitte Juni sowie Mitte Sep-Anfang Okt 10-16, Mitte Juni-Mitte Sep 9-17 Uhr, Erw. € 6, Kinder (6-15 J.) € 3]. Sie erreicht man, weiter auf der B 106, bei Flattach, dort wo der Raggabach in die Möll mündet. Einen Eindruck von diesem beeindruckenden Naturschauspiel zu bekommen dauert ungefähr eine Stunde und ist – wegen der erforderlichen Trittsicherheit auf den Steigen – erst für Kinder von fünf oder sechs Jahren an geeignet. Da es auch an heißen Sommertagen in der Schlucht recht schnell kühl und feucht wird, sollten Sie nicht nur feste Schuhe tragen, sondern auch warme Kleidung im Gepäck haben. Vom Parkplatz aus gelangt man in rund zehn Minuten zum Eingang der Schlucht. Die Rundwanderung, auf der Sie nur in einer Richtung gehen dürfen, hat keine Abzweigungen und führt über gut gesicherte Stege.

Spannendes Naturschauspiel

Das Wasser der Ragga stürzt mit ungeheurer Wucht und ohrenbetäubendem Lärm zu Tal, bahnt sich seinen Weg durch steil aufragende, fast senkrechte Felswände aus Granitgestein und Gneis. Wo das Sonnenlicht durchdringt, wuchern Moose und Farne. Von Holztreppen und -stegen aus, die mit Geländern und Stahlseilen gesichert sind, sehen Sie, wie der Bach sich in Jahrtausenden durch die Gesteinsschichten gegraben hat. So ist eine der schönsten Naturschluchten der Alpen entstanden. Zwischen dem tosenden Wasser und dem fast nicht mehr sichtbaren Himmel überwindet man in der Schlucht rund

200 Höhenmeter. Sie erleben auf 800 Metern Länge ein wildromantisches Schauspiel der Elemente.
Der Rundgang führt Sie schließlich auf einen bequemen Waldweg, auf dem Sie – mit herrlichem Ausblick auf das Mölltal, den Ort Flattach und die Berge der Hohen Tauern – ganz entspannt zum Ausgangspunkt zurückspazieren.

Handel auf schmalen Pfaden

Weiter geht die Ausflugsfahrt nun in Richtung Großglockner auf der B 106. In Winklern biegen Sie rechts ab auf die B 107. Bald nach der Ortschaft mutet die Region ziemlich einsam und verlassen an. Kaum zu glauben, dass hier im oberen Mölltal früher eine Menge los war: Diesen Landstrich zwischen den italienischen Adriahäfen und den deutschen Handelsstädten durchzog bereits zu keltischer Zeit ein Handelspfad. Lasttiertreiber brachten Seide und Stoffe aus Vorder- und Hinterindien, Opium, Gewürze, Südfrüchte, Honig, Glas und vor allem italienischen Wein ins Mölltal. Aus dem Norden kamen Pelze, Edelhölzer, Gold und Salz. Nur berggewohnten Burschen konnte man den Transport dieser wertvollen Waren anvertrauen, denn sie mussten sich auf den schmalen Saumpfaden zurechtfinden – daher wurden sie auch Säumer genannt. Seine Blütezeit erlebte der Saumhandel, von dem auch Pferdezüchter, Sattler, Schmiede und Wirte profitierten, zwischen dem 13. und 18. Jahrhundert. 1807 wurde der letzte Säumer urkundlich erwähnt.

Gold der Tauern

Auch das „Tauerngold“, das schon die Kelten und Römer in vorchristlicher Zeit kannten, prägte in besonderem Maß die Geschichte des oberen Mölltals. In der Blütezeit des Bergbaus im 15. und 16. Jahrhundert kamen Glücksritter aus allen Ländern. Berühmte Adelsfamilien wie Lodron, Dietrichstein und Khevenhüller erwarben Anteile an den Berggaugewerken. Die Gruben lagen häufig in einer Höhe von 2.600 Metern. Bis zu 3.000 Knappen, Pocher und Schmelzer waren im Einsatz, um Freigold aus Goldadern und Goldnestern zu gewinnen, die relativ gut erreichbar waren. Die Entdeckung Amerikas mit seinen Edelmetallschätzen, die Gegenreformation, die zur Vertreibung der meist protestantischen Knappen und Gewerker führte, und der zunehmende Gletscherwuchs setzten der Goldzeit schließlich ein Ende.

Nur noch wenige Schritte bis zum Gold der Tauern

Ein Alpendorf im Schatten des Großglockners

Vor Heiligenblut eröffnet sich ein gigantischer Anblick: Steil am Hang klebt der Ort, ein spitzer, dünner Kirchturm sticht in den blauen Himmel, gewaltige Berghänge und Felswände ragen empor. Sie gehen über in Schneefelder und darüber thront der **Großglockner** (3.798 m), der höchste Berg Österreichs. **Heiligenblut** (1.301 m) ist ein anmutiges, kleines Gebirgsdorf, dessen Häuser eng beieinander stehen [Tourismusverband Heiligenblut, Hof 4, A-9844 Heiligenblut, Tel. 04824-20 01, office@heiligenblut.at, www.heiligenblut.at]. Obwohl viel besucht und mit Souvenirläden reich bestückt, ist es immer noch eines der schönsten Alpendörfer. Tourismus kennt der Ort schon seit dem Mittelalter: Erst kamen die Wallfahrer, dann brachen die Gipfelstürmer, die 1800 erstmals den Großglockner bezwangen (siehe Kasten S. 33), von hier auf. Seitdem zieht Heiligenblut Wanderer und Bergsteiger an, die den **Nationalpark Hohe Tauern** erkunden.

St. Vinzenz in Heiligenblut beherbergt viele Schätze

Heiliges Blut

In der spätgotischen **Pfarrkirche St. Vinzenz** fällt der Blick zunächst auf den mächtigen Hochaltar. Meister aus der Schule Michael Pachers fertigten die Bilder des Flügelaltars, der einer der bedeutendsten Kärntens ist. Links davon sehen Sie in einem aufwendig gestalteten Sakramentshaus die Reliquie mit dem Blutstropfen Christi (siehe Kasten S. 37), die Pilger auch heute noch in Scharen anzieht. In der Krypta unter dem Chorraum steht das mit einem Gitter gesicherte Hochgrab des Briccius, der als Schutzheiliger bis heute von Bauern und Reisenden verehrt wird. Wallfahrer sehen in ihm zudem einen Helfer bei Krankheit und Leid. Auf dem Friedhof liegen übrigens neben verstorbenen Einheimischen auch mehrere Hundert Tote, die seit 1800 auf dem Großglockner ums Leben gekommen sind.

Nach diesem besinnlichen Rundgang geht es – vielleicht nach einer kleinen Erfrischung und einem Imbiss – auf zur nächsten Etappe. Von Heiligenblut aus fahren Sie auf der mautpflichtigen **Großglockner-Hochalpenstraße** die 16 Kilometer in rund 30 Minuten hinauf

Goldgräberstimmung

*Das **Goldgräberdorf Heiligenblut** gilt in seiner Art als einzigartig. Dort erleben Kinder und Erwachsene die Geschichte der Goldgewinnung – im Pochwerk, in der Bergschmiede, beim Goldwaschen und in der Schmelzhütte. Das Allwetter-Ausflugsziel im Sommer können Sie – rund zwei Kilometer von Heiligenblut entfernt – vom Parkplatz Handelsbrücke im Kleinen Fleißtal über den Goldgräberpfad in 15 Minuten zu Fuß erreichen. Besichtigung kostenlos, Führungen und Goldwaschen gegen Spesenersatz. Weitere Infos unter www.goldgraeberdorf-heiligenblut.at und beim Tourismusverband Heiligenblut (siehe links).*

auf die **Franz-Josephs-Höhe** [Großglockner Hochalpenstraße, Hof 94, A-9844 Heiligenblut, Tel. 04824-22 88, info@grossglockner.at, www.grossglockner.at. Anfang Mai-Ende Okt, Tagesmaut Pkw € 28 inkl. Zutritt zu Besucherzentrum und allen anderen Einrichtungen sowie Nutzung aller Parkflächen. Auskunft über Straßenverhältnisse: Infostelle Ferleiten, Tel. 06546-650].

Schneebedeckte Gipfel

In 30 Kehren schraubt sich die 1935 eröffnete Straße in eine zunehmend kargere, gewaltige Bergszenerie und durchmisst dabei sämtliche außertropischen Klima- und Vegetationszonen: bis in die Welt der Murmeltiere, Adler und Steinböcke, des Edelweißes und der hochalpinen Orchideen. Oben in rund 2.400 Metern Höhe blicken Sie auf die Nordabstürze des Großglockners hinauf ins ewige Eis und auf den Pasterzegletscher – den noch immer größten der Ostalpen – hinunter.

Schautafeln auf dem Aussichtsplateau (mit großem Parkhaus!) erläutern die Gipfel ringsum. Mithilfe von Ferngläsern glaubt man auf der Wilhelm-Swarovski-Beobachtungswarte dem beeindruckenden Naturschauspiel noch näher zu sein.

Heiligenblut und der fromme Däne Briccius

Auch dem Mann, der zur Namensgebung von Heiligenblut beigetragen hat, wurde der Glockner zum Verhängnis. Ein Däne, Briccius oder Brictius, soll im 10. Jahrhundert auf der Heimfahrt von Konstantinopel bis hierher gekommen sein, wo er unglücklicherweise unter einer Lawine erstickte. Man fand ein Fläschchen mit Blut, das in seiner Wade eingewachsen war – wohl, um es vor Räubern zu verstecken. Ein beigelegter Zettel erklärte, es sei das Blut Christi, ein Geschenk des byzantinischen Kaisers. So wurde am Fundort eine Kapelle erbaut, in der noch heute das Blutfläschchen und der Körper des frommen Dänen aufbewahrt werden.

Tour 2: Auf der Malta-Hochalmstraße zu einem gigantischen Stausee

Gmünd • Lieser-Maltatal • Malta-Hochalmstraße • Kölnbreinsperre

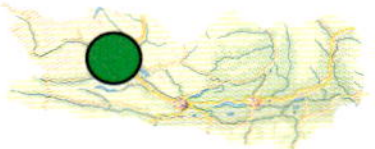

Wo: in Oberkärnten zwischen den Nationalparks Nockberge und Hohe Tauern – Wie: mit dem Auto und zu Fuß – Dauer: Tagesausflug – Nicht vergessen: Rucksack mit Getränken und Verpflegung, Regenschutz, feste Schuhe und warme Kleidung, Fotoapparat, Medikament gegen Reiseübelkeit für die Fahrt auf der Malta-Hochalmstraße

Eine höchst abwechslungsreiche Tour, die Sie zunächst in ein mittelalterliches Städtchen mit Toren, Gassen, Burgruine und einer Malwerkstätte für Kinder führt. Dann genießen Sie das abenteuerliche Panorama der Malta-Hochalmstraße – durch Tunnel, über Brücken und vorbei an wilden Wasserfällen, bis Sie schließlich einen riesigen Stausee erreichen. Übrigens: Nur etwas südlich des Ausgangspunkts dieses Ausflugs liegt in Trebesing das Baby- und Kinderdorf, in dem sich seit 20 Jahren alles um die Kleinen und die Erholung der (Groß-) Eltern dreht (siehe S. 85).

Hübsches Künstlerstädtchen

Sie fahren auf der A 10 von Süden Richtung Katschberg und nehmen die Ausfahrt Gmünd [Tourismusverband Lieser-Maltatal, Hauptplatz 20, A-9853 Gmünd, Tel. 04732-22 22, info@familiental.com, www.familiental.com]. **Gmünd**, das kulturelle Zentrum des Liesertals und Maltatals, ist ein mehr als 700 Jahre altes Städtchen mit einer weithin sichtbaren, mächtigen Burgruine und einer mittelalterlichen Stadtmauer. Bewegt ist die Chronik des knapp 2.700 Einwohner

Wiege der roten Flitzer

Ferdinand („Ferry") Porsche, Sohn des gleichnamigen Stuttgarter Volkswagen-Konstrukteurs, stellte nach dem Zweiten Weltkrieg landwirtschaftliche Maschinen in Gmünd her, aber auch die ersten legendären Rennwagen. Die Flitzer testete man auf der damals noch äußerst steilen Katschberg-Passstraße. 1982 richtete Porsche-Fan Helmut Pfeifhofer in den ehemaligen Stallungen der Grafen von Lodron ein ***Museum*** *ein.* ***Porsche Automuseum,*** *Riesertratte 4a, A-9853 Gmünd, Tel. 04732-24 71, info@auto-museum.at, www.auto-museum.at. 15. Mai-15. Okt tägl. 9-18, 16. Okt-14. Mai tägl. 10-16 Uhr, Erw. € 7, Kinder (6-14 J.) € 3,50.*

zählenden Orts: Einst zogen die Römer durch Gmünd, dann kamen Fürsten und Bischöfe, die blieben und Gmünd 1346 zur Stadt erhoben. Stadtherren waren lange Zeit die Grafen Lodron. Vom Parkplatz unterhalb der Alten Burg aus spazieren Sie direkt in die Altstadt und schlendern durch verwinkelte Gässchen und Durchgänge.

Bunte Kulturszene

Wenn Sie weitergehen, gelangen Sie an den Hauptplatz mit bunten Häuserfassaden und finden am Schloss wieder das kühle Blau, die „Hausfarbe" der Grafen Lodron, der einstigen Herren aus Salzburg, das sich mit den warmen Farben des Südens vermischt. Doch Gmünd lebt nicht nur mit der Vergangenheit, sondern hat eine äußerst rege Kulturszene vorzuweisen. Während des Stadtrundgangs stoßen Sie immer wieder auf moderne Kunstwerke. Scheinbar fühlten sich Künstler seit jeher vom Ambiente des Orts inspiriert, und auch heute stehen im Veranstaltungskalender das ganze Jahr über Ausstellungen, Theateraufführungen und Musikprogramme.

Kleine Künstler

Der Kulturinitiative von Erika Schuster ist es zu verdanken, dass sich Galerien, Kunsthandwerksstätten und Künstlerateliers hier angesiedelt haben. Als jüngste „Kreation" hat man die **Malwerkstätte Gmünd** in der Kindergalerie ins Leben gerufen. Sie bietet qualitativ wertvolle Freizeitgestaltung für Kinder und Jugendliche an, bei der der Nachwuchs seine schöpferischen Kräfte entfalten kann [Hintere Gasse 36, A-9853 Gmünd, Tel. 04732-22 15 24, kultur.gmuend@aon.at, www.stadtgmuend.at]. Vielleicht hat Ihr Kind Lust mitzumachen: Je nach Alter und Begabung können die Kids im Malhaus unter fachkundiger Anleitung verschiedene Maltechniken ausprobieren und ihrer Fantasie freien Lauf lassen. An den bei Kindern beliebten **Familienmaltagen** während der Sommerferien [Infos: Tel. 04732-22 15 24, kultur.gmuend@aon.at, www.stadt-gmuend.at. Juli-Anfang Sep Do 10-12.30 Uhr, € 5] besuchen die kleinen Künstler zuerst – unter kunstpädagogischer Leitung – eine Ausstellung, den Skulpturenpark oder das Atelier eines ortsansässigen Künstlers. Danach greifen sie selbst zu Pinsel

Die bunten Häuserfassaden verleihen der Altstadt Gmünds ein heiteres Flair

Donnerstags darf in der Gmündner Malwerkstatt jeder an die Staffelei

und Farbe. Und im Anschluss bietet sich ein Besuch im nahen „Haus des Staunens“ mit faszinierenden Wasser- und Klangphänomenen (siehe S. 87) an.

Renner der Region

Eine weitere, nicht nur bei Kindern beliebte Attraktion des Städtchens ist das **Porsche Automuseum**, der „Renner“ der Region. Dort sind das erste Auto mit dem Namen „Porsche“, der legendäre Porsche 356 mit der typischen Stromlinienkarosserie, der 1949 erstmals öffentlich präsentiert wurde, und noch weitere Oldtimer ausgestellt (siehe Kasten S. 38).

Kurioses Kirchlein

Kirchenfans werden sich vielleicht für das **Kreuzbichl-Kirchlein** aus dem 16. Jahrhundert interessieren. Diese Kuriosität Gmünds, die auch innen besichtigt werden kann, liegt etwas außerhalb in östlicher Verlängerung des Hauptplatzes. Das Besondere an dieser rosafarbenen Kirche ist, dass eine schmale Straße mitten durch sie hindurchführt. Auf der einen Seite befindet sich der Altarraum, von dem aus der Pfarrer auf die andere Seite der Straße in die Galerie predigt, wo die Gläubigen in zwei Stockwerken sitzen. Warum die „geteilte Kirche“ so erbaut wurde, weiß jedoch niemand genau.

Nichts für Wasserscheue

Mitten in die bizarre Hochgebirgswelt des Tauernmassivs gelangen Sie dann auf der 18 Kilometer langen **Malta-Hochalmstraße**, die im Sommer mautpflichtig ist [Mautstelle Malta: Tel. 04733-296, tourismus@verbund.com, www.verbund-tourismus.at. Mitte Mai-Ende Okt tägl. 7-18 Uhr, Pkw-Maut € 17]. Jetzt – im „Tal der stürzenden Wasser“, wie die Romantiker des 19. Jahrhunderts das Maltatal nannten – sind Superlative angesagt, denn bis zur Kölnbreinsperre auf fast 2.000 Metern Höhe tosen etwa 40 Wasserfälle, die den mittleren Teil des Maltatals tief einschneiden und den Fluss speisen. Das Naturschauspiel ist es wert, anzuhalten und sich ihm zu Fuß zu nähern. Durch unüberhörbares Rauschen kündigen sich – je nach Jahreszeit und Wetterlage – die gischtenden Wassermassen schon an. Wer aus nächster Nähe das unaufhaltsam in die Tiefe schießende Wasser fotografieren will, muss damit rechnen, ein wenig nass zu werden. An der Mautstelle ist ein Faltblatt erhältlich, das die Wasserfälle genau beschreibt. Den Maralmbachfall können Sie sogar vom Auto aus während einer Wartezeit an der Ampel vor dem Tunnel erleben (Anzeige beachten).

Schöne Eselei

*Der **Eselpark** im Maltatal beherbergt nicht nur Esel aus Andalusien und Katalonien, sondern 100 Tiere verschiedener Rassen. Auch Lamas, Ziegen, Schafe und Kleinpferde lassen sich streicheln. Vor allem die niedlichen Eselfohlen sind die Lieblinge der Kinder, die auch Hasen und Meerschweinchen mit Karotten und Äpfeln füttern dürfen. Mutige Kids wagen einen geführten Eselritt auf der Koppel. Familie Wolfgang Gollenz, Malta 55, A-9854 Malta, Tel. 0664-160 81 11, office@eselpark.at, www.eselpark.at. Mai-Mitte Sep 10-19 Uhr, Erw. € 3, Kinder € 2.*

Wasserspiele

*Der **Fallbach** im Maltatal gilt als höchster frei fallender Wasserfall Kärntens (200 m). Hier kann man die wohltuende feuchte Luft genießen. Kindern bietet das Gelände ganz unterschiedliche, zumeist nasse Spiel-, Spaß- und Naturerlebnisse. **Wasserspiele- und Erlebnispark,** Brandstatt 11, A-9854 Malta, Tel. 04733-200 73, info@erlebnispark-fallbach.at, www.erlebnispark-fallbach.at. Mai-Okt tägl. 9-18 Uhr, pro Person € 3,50.*

200 Millionen Kubikmeter Wasserkraft

Je weiter Sie die Hochalmstraße hinauffahren, desto frischer und kühler wird die Luft. An manchen Stellen liegt auch im Frühsommer noch Schnee. Nach und nach verschwinden die Laubbäume, Fichtenwälder und Tannen bestimmen die Szenerie. Oberhalb von 1.600 Metern sind Lärchen und Zirbelkiefern heimisch, noch höher Zwergsträucher und alpine Wiesen. Der großartige obere Teil der Malta-Hochalmstraße windet sich in vielen Kurven hinauf, ist jedoch gut gesichert und leicht befahrbar. Insgesamt überwinden Sie mit einer maximalen Steigung von fast 13 Prozent rund 1.000 Meter Höhenunterschied. Die Erlebnistour geht durch sechs Felsentunnel, die nur einspurig zu durchfahren und deshalb mit Ampeln versehen sind, und über neun Brücken. Endstation zum Parken, Durchatmen und Staunen

ist die **Kölnbreinsperre**, das Herz des Speicherkraftwerks Malta. Sie ist eine der großen Talsperren Europas und hat mit 200 Metern die höchste Staumauer Österreichs. Bei Vollstau fasst der See 200 Millionen Kubikmeter Wasser, fast so viel wie der Ossiacher See. Sieben Jahre dauerte die Bauzeit für dieses gigantische technische Kunstwerk, zunächst mussten 50 Kilometer Straßen und Wege aus dem Fels gehauen werden.
Während langer Trockenperioden im Sommer können Sie an den Rändern des Stausees deutlich erkennen, wie stark der Wasserstand zeitweise absinkt und wie hoch er bei vollem See liegt. 1977 war die Kölnbreinsperre endlich fertig, doch unerklärlicherweise verzeichnete der Bau hohe Wasserverluste. Erst zwei weitere Jahre später, nachdem ein 50 Meter breites Betonstützgewölbe eingebracht worden war, funktionierte das Stromversorgungswerk reibungslos.

Funkelnde Aussicht

Technisch Interessierte bekommen während einer Führung Details anschaulich erklärt und gelangen sogar ins

Bizarrer Ausblick von der Staumauerpromenade der Kölnbreinsperre

Bummelbahn durch Berg und Tal

Während des Sommers, wenn das Natur- und Landschaftsschutzgebiet Pöllatal für Autos gesperrt ist, bringt die ***Tschu-Tschu-Bahn*** *Passagiere in einstündiger Fahrt von Rennweg in die Blütenpracht des „Tals der 1.000 Orchideen". Info und Fahrpläne: Verkehrsbüro Rennweg am Katschberg, A-9863 Rennweg am Katschberg, Tel. 04734-33 00, rennweg.tourist@ktn.gde.at, www.katschberg-rennweg.at. Mitte Mai-Anfang Okt tägl., Rundfahrt über Hinteres Pöllatal Erw. € 8, Kinder € 5,50.*

Innere der Sperre [Mitte Mai-Okt tägl. 7-18 Uhr, Erw. € 6, Kinder (6-15 J.) € 3]. Neu ist zudem eine Ausstellung mit einem 4-D-Erlebniskino, die erklärt, wie der Strom in die Steckdose kommt. Ein Erlebnis ist es aber auch, über die mehr als 600 Meter lange Staumauer zu spazieren. Wer schwindelfrei ist, geht hinaus auf die neue Aussichtsplattform „Skywalk". Wahrscheinlich werden Sie aus dem Staunen gar nicht mehr herauskommen: über die ungeheuerlichen Dimensionen des Bauwerks, des Sees und der umliegenden Berge. Im frisch renovierten Bergrestaurant **Hotel Malta** können Sie sich bei heimischen Spezialitäten stärken und dabei die Aussicht genießen [Brandstatt 36, A-9854 Malta, Tel. 04783-25 04, office@berghotelmalta.at, www.berghotelmalta.at].

Tour 3: Natur pur im Nationalpark Nockberge

Kaning • Bad Kleinkirchheim • Nockalmstraße • Nationalpark Nockberge • Turracher Höhe

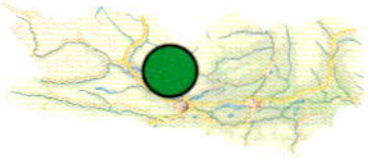

Wo: Nationalpark Nockberge – Wie: mit dem Auto und zu Fuß – Dauer: Tagesausflug mit Wanderung nach Wahl – Nicht vergessen: Wanderausrüstung, Badesachen, Proviant oder etwas zum Grillen, eventuell ein Medikament gegen Reiseübelkeit für die kurvenreiche Fahrt auf der Nockalmstraße

Das Gebiet im und um den Nationalpark Nockberge lädt zu zahlreichen Familienwanderungen ein, sei es von Radenthein aus am Roßbach entlang zu alten Mühlen, auf die luftigen Höhen der Nockberge (1.720-1.900 m) oder rund um das Bergseenparadies der Turracher Höhe. Unterwegs sorgen ein Reptilienzoo und ein Kristallmuseum für Abwechslung, ein Thermalbad für Erholung, und ganz nebenbei können Sie das berühmte Almmädel Heidi besuchen.

Wo Mühlen mahlen

Östlich des Millstätter Sees liegt Radenthein. Fahren Sie von dort nordwärts. Kurz vor dem Dorf **Kaning** finden Sie rechts einen Parkplatz, von dem aus Sie zum **Kaninger Mühlenwanderweg** aufbrechen [Info: Mühlen- und Kneippwanderweg Kaning, A-9545 Radenthein, Tel. 04246-24 41, muehlenweg-kaning@aon.at, www.kaninger-muehlenweg.at.

Von einer Mühle zur anderen führt Sie der Kaninger Mühlenwanderweg

Türkhaus und Schaumühlen Juni-Ende Sep 10-15 Uhr, Eintritt frei]. Vor 60 Jahren soll es noch 36 Wassermühlen in dieser Gegend gegeben haben, allein 22 davon am Roßbachgraben, heute sind noch sechs von ihnen zu sehen. Damals wurden die Mühlen über eine „Floder" angetrieben, eine senkrecht stehende Spindel mit mehreren Blättern, die im Prinzip wie eine Turbine funktionierte. Jeder Bergbauer betrieb seine eigene Mühle, in die er das Getreide zum Mahlen brachte, um nach einer Weile das Mehl wieder abzuholen. Da klapperten die Lärchenholzschaufeln, der Mehlstaub klebte an den Fingern, und in der Luft lag der Geruch des mahlwarmen Mehls. Wie mühselig es früher war, seinen Lebensunterhalt zu verdienen, spürt man im **Türkhaus** am Anfang des Wanderwegs. Das 500 Jahre alte Holzhaus gewährt Besuchern Einblick in die vom Bergbau geprägte Kultur der Region. Der Weg zur Neuwirtmühle ist anfangs ein Blumen- und Waldlehrpfad. Tafeln weisen die Wanderer auf Hopfen, Lärche, Pestwurz, Wiesenbärenklau und Kohldistel hin. In der Mühle selbst können Sie mitverfolgen, wie aus Getreide Mehl wird. Wer will, kann auch Bauernbrot kaufen, Mühlenkekse, Holundersirup oder Zirbenschnaps – von den Kaningern selbst hergestellt.

Schattiger Weg am Bach

Der Mühlenwanderweg ist drei Kilometer lang, verläuft immer am Bach entlang, meist unter schattenspendenden Bäumen und ist deshalb im Hochsommer angenehm kühl. Auf Ihrem Weg stoßen Sie immer wieder auf eine alte Mühle – und auf ein paar Grillstellen. Stecken Sie also gegebenenfalls auch ein paar Würstchen in den Proviantrucksack. Je nachdem, wie weit die Füße Sie tragen oder ob Sie bei einem Picknick verweilen, können Sie Ihren Spaziergang auch zum Tagesausflug ausdehnen.

Urlaubsort zum Vorzeigen

Doch eigentlich stehen heute noch andere Ziele auf dem Programm: Wenn Sie die Straße nach Radenthein nehmen und der B 88 in östlicher Richtung folgen, erreichen Sie nach rund acht Kilometern

Plätze für ein Päuschen finden Sie am Mühlenwanderweg im Überfluss

Bad Kleinkirchheim [Bad Kleinkirchheim Tourismus, Dorfstr. 30, A-9546 Bad Kleinkirchheim, Tel. 04240-82 12, info@badkleinkirchheim.at, www.badkleinkirchheim.at]. Der lang gestreckte Kurort ist im Winter ein feiner Skiort und das ganze Jahr über eine Oase der Erholung. Attraktiv für Familien machen den Ort und seine umliegenden Gemeinden die zahlreichen kinderfreundlichen Beherbergungsbetriebe. In einem Seitental hat sich zum Beispiel St. Oswald, das für schöne Kärntner Bauernhäuser und seine Dorfkirche bekannt ist, auf Eltern mit Kindern spezialisiert.
Bad Kleinkirchheim verdankt sein Entstehen heißen Heilquellen, die auch heute noch sprudeln. Das **Thermal-Römerbad** am Fuße der Kaiserburg (2.055 m) ist wegen des geringen Radongehalts des 36 Grad warmen Thermalwassers auch hervorragend geeignet für Kinder und Jugendliche, für die es einen eigenen Bereich gibt [Bad Kleinkirchheimer Thermen, Dorfstr. 74, A-9546 Bad Kleinkirchheim, Tel. 04240-828 20, thermen@ski-thermen.com, www.roemerbad.com. Tägl. 10-20 Uhr, Erw. ab € 12, Kinder (6-14 J.) ab € 7]. Wasserratten und Badenixen finden besonders Gefallen an Bodensprudlern, Wasserfall, Wildbach, Gegenstromanlage und Massagedüsen im Hallenbecken. In der Erlebnislandschaft „Ludus" sorgen ausgebildete Kinderbetreuer für ein eigenes Animationsprogramm – während die Eltern in Ruhe die Saunen ausprobieren.

Kärntner Köstlichkeiten auf Gourmetniveau

*Im romantisch-eleganten Ambiente des original erhaltenen Bauernhauses **Loystub'n** kann man ausgezeichnet genießen: Tafelspitzbouillon mit Grießnockerl, Forelle und Saibling aus eigener Fischzucht sowie Nockalmrind und Rösterdäpfel (Bratkartoffeln) und Palatschinken mit Kärntner Grant'n (Preiselbeeren) – alles vom Feinsten. Hotel Pulverer, Thermenstr. 4, A-9546 Bad Kleinkirchheim, Tel. 04240-744 26, hotel@pulverer.at, www.pulverer.at.*

Wo Schlangen klappern

*Im **Reptilienzoo Nockalm** wird es unheimlich spannend. In naturgetreu eingerichteten Terrarien schlängeln sich Klapperschlangen, Mambas, Kobras und unzählige Vipernarten aus der ganzen Welt. Außer einigen ungiftigen einheimischen Schlangenarten sind im Reptilienzoo auch Vogelspinnen und Skorpione zu sehen. Vorwald 83, A-9564 Patergassen, Tel. 04275-231 65, info@reptilienzoonockalm.at, www.reptilienzoonockalm.at. Juli/Aug tägl. 9-18, sonst 10-17 Uhr, Erw. € 8, Kinder (5-13 J.) € 4.*

Welt der Berge

Touristenmagnet Nummer eins sind die **Nockberge.** Sanfte Kuppen, von den Einheimischen als „Nockn" bezeichnet, scheinbar endlos weite Almböden und

Das Römerbad (S. 45) hat ein großes Angebot – auch für kleine Gäste

der größte Fichten- und Zirbenbestand der Ostalpen machen diese Gegend so einzigartig. Ein wesentlicher Grund für die Vielfalt der Nockberge liegt in der Verschiedenartigkeit ihrer Gesteine, die in Hunderten Millionen Jahren durch einen mehrfachen Wechsel von Land und Meer, Wüste und Urwald entstanden. Von Bad Kleinkirchheim bringt Sie die **Kaiserburgbahn** mit Station direkt am Römerbad mitten in die Berge [Bad Kleinkirchheimer Bergbahnen, Dorfstr. 74, Tel. 04240-828 20, bergbahnen@ski-thermen.com, www.vondenbergenindie thermen.com. Mitte Mai-Mitte Okt tägl. 9-12 und 13-16 Uhr, Berg- und Talfahrt Erw. € 17,50, Kinder (6-14 J.) € 8,50, mit Kärnten-Card gratis]. Eine andere Möglichkeit, den Wagen stehen zu lassen, bietet der Nockalmbus, der regelmäßig in Bad Kleinkirchheim startet und alle Orte der Nockalmstraße abklappert.

Je nach Laune können Sie auch noch einen Abstecher zu einer Kinderattraktion machen: Weiter auf der Bundesstraße 88 zweigt kurz vor der Nockalmstraße die B 95 scharf links zum Falkertsee und zur **Heidi-Alm Falkert** ab (siehe S. 88).

Wandern ohne Ende

Wieder auf der B 95 biegen Sie nach ein paar Kilometern links ab zur mautpflichtigen **Nockalmstraße** [www.nockalmstras se.at. Pkw € 15 inkl. alle Eintritte], die sich über 35 Kilometer in das grüne Paradies hinaufschlängelt. Das Wandergebiet im **Nationalpark Nockberge**, eine besonders schöne Landschaft Kärntens, ist riesig und so vielfältig, dass es schwerfällt, eine bestimmte Route zu empfehlen. Sie können auf eigene Faust wandern und die unberührte Natur entdecken, oder sich einer geführten Tour anschließen. Zur Wahl stehen kulturhistorische Spaziergänge, Wildbeobachtungen im Bergwald und geologische Wanderungen im Nationalpark [Infos: Nationalparkverwaltung Nockberge, A-9565 Ebene Reichenau 117, Tel. 04275-665, nockberge@ktn.gv.at, www.nationalparknockberge.at.]. Speziell für Kinder eignet sich die **Nocky-Flitzer-Rodelbahn** [Mitte Juni-Anfang Juli tägl. 10-16, Juli-Mitte Sep 10-17, Mitte Sep-Okt Mi-So 10-16, Wintersaison 10-16 Uhr. Bergfahrt und Nocky-Flitzer Erw. € 9,00, Kinder (6-14 J.) € 6,50] oder der Park **Silva Magica** in der Grundalm, in dem Natur-, Wasser- und Windgeister alles Schwere leicht machen – was für Kinder ganz selbstverständlich scheint und Erwachsene so kompliziert finden [www.silvamagica.at. Mai-Okt 8-18 Uhr, Eintritt frei]. Oder der Nachwuchs tobt auf dem Abenteuerspielplatz **Murmeltierbau**, während Sie sich nebenan im **Almwirtschaftsmuseum** der Zechneralm über das einstige Leben der Almbauern informieren. Wenn Sie es bodenständig mögen, probieren Sie hier auf dem **Bauernmarkt** Hirsch-, Schafs- oder Gamswürste und den Kärntner Bauernspeck.

Amethyst, Lapislazuli & Co.

In eine andere Welt wiederum eintauchen kann man auf der **Turracher Höhe**, direkt über die B 95 zu erreichen [Tourismusverein Turracher Höhe, A-8864 Turracher Höhe 218, Tel. 04275-839 20, info@turracherhoehe.at, www.turracherhoehe.at]. Einst war diese Verbindung von Kärnten in die Steiermark gefürchtet, denn es war nicht einfach, mit Pferd und Wagen über die 1.763 Meter hohe Turracher Höhe mit 35-prozentiger Steigung und engen Kurven zu gelangen. Heute ist der Pass ausgebaut, und oben erwarten die Ausflügler drei herrliche Gebirgsseen als Ausgangspunkte für Spaziergänge.

Zum Abschluss tut sich eine Glitzerwelt knapp über dem Turracher See auf: Dort zeigt die **Alpin+Art+Gallery** Mineralien und Edelsteine – in rohem Zustand und in geschliffener Form – aus den Nockbergen, den Alpen und der ganzen Welt [Familie Kranzelbinder, Zirbenhof, A-9565 Turracher Höhe 15, Tel. 04275-82 33, kranzelbinder@aon.at, www.kranzelbinder.at. Mo-Sa 9-17 Uhr, Erw. € 4, Kinder (bis 12 J.) frei]. Leuchtende Amethyste aus Brasilien, der kobaltblaue Lapislazuli aus Afghanistan und wunderbare Achate aus Südafrika begeistern Mineralienfans ebenso wie Bergkristalle aus den Hohen Tauern, versteinertes Holz und Fossilien.

Traditionelles Badevergnügen

In Karlbad an der Nockalmstraße auf 1.693 Metern Höhe wird im ***Gasthaus der Familie Aschbacher*** *wie in alten Zeiten in Lärchenholztrögen gekurt. Ab dem 16. Jahrhundert gehörte eine „Badestube" zum Oberkärntner Bauernhaus wie Stall und Scheune. Obwohl diese angeblich „sittenlose" Einrichtung Ende des 18. Jahrhunderts verboten wurde, werden hier noch heute Quarzkonglomerate zum Glühen gebracht und in wassergefüllte Holztröge gekippt. In diesen Bädern wurde schon so mancher Gast von Ischias und Rheuma geheilt – zum Wohlbefinden trägt zudem eine anschließende Speck-und-Käse-Jause bei. Für die Kids gibt es einen kleinen Spielplatz. Familie Georg Aschbacher, St. Peter 2, A-9545 Radenthein, Tel. 0664-968 39 27 und 0664-968 39 26. Mai-Okt, Bad € 20.*

Zwergen-Paradies

Rund 1.000 Gartenzwerge warten im Gurktal auf Besucher. Mit der Liliputbahn geht's durch die Welt der Zwerge, Gnome, Trolle, Kobolde und Wichte. Schautafeln und Vitrinen bereiten die Historie der kleinen Gartenhüter auf. ***Zwergenpark Gurktal,*** *A-9342 Gurk, Tel. 04266-80 77, gurk@ktn.gde.at, www.zwergenpark.at. Anfang Mai-Mitte Sep tägl. 11-17 Uhr, Erw. € 4,80, Kinder (5-15 J.) € 3,30, Familien € 10,20.*

Tour 4: Stadtbummel mit Seeblick

Spittal an der Drau • Millstatt • Feld am See

Wo: in der Region Millstätter See – Wie: mit dem Auto und zu Fuß – Dauer: Tagesausflug – Nicht vergessen: bequeme Schuhe, Fotoapparat/ Filmkamera, Rucksack mit etwas Verpflegung und Getränk

Heute ist Museumstag! Keine Angst, es wird bestimmt nicht langweilig, im Gegenteil. Die Ausflügler erfahren etwas über das Kärntner Alltagsleben von anno dazumal, und während der Stadterkundungen sehen sie einige besonders schöne Beispiele der Kärntner Architektur im Umkreis des **Millstätter Sees** [Infocenter Millstätter See, Thomas-Morgenstern-Platz 1, A-9871 Seeboden, Tel. 04766-370 00, info@millstaettersee.at, www.millstaettersee.at]. Obendrein gibt's zum Anschauen und Anfassen auch Wildtiere in einem Park.

Ob die künstliche Blume duftet? Im Sagamundo scheint alles möglich

Wo Sagen und Mythen erzählt werden

Das Tor zur Anderswelt nennt sich die Erlebnislandschaft ***Sagamundo.*** *Sie geleitet kleine und große Besucher in ein sagenhaftes Reich der Fantasie: Wo sich zwischen grotesken Wurzelgebilden, Felsen und Steinen Berggeister verstecken, Nixen im Wasser gurgeln, man mit der Seehexe SeelaMill im Schwanenbett schwebt und wo sich Zwerge und Riesen im Wald und auf den Gipfeln tummeln. Da kriecht man in ausgehöhlte Baumstämme und kuschelt sich in Steinhöhlen hinein ... Hauptplatz 8, A-9873 Döbriach, Tel. 04246-78 78 14, info@sagamundo.at, www.sagamundo.at. Mai-Okt Mi-Mo 10-18, Di 10-21.30 Uhr, Nov-April siehe Homepage, Erw. € 7,90, Kinder (6-15 J.) € 3,90, Familien € 17.*

Geschichte auf Ringen

Dort wo die Lieser in die Drau mündet, liegt **Spittal an der Drau**, der Ausgangspunkt des Ausflugs [Tourismusbüro und Kulturamt, Burgplatz 1, A-9800 Spittal an der Drau, Tel 04762-565 02 20, tourismus@spittal-drau.at, www.

spittal-drau.at]. Das charmante Städtchen ist das Zentrum Oberkärntens und ein Verkehrsknotenpunkt an der Tauernautobahn. Nachdem Sie dem Parkleitsystem gefolgt sind und Ihr Auto abgestellt haben, beginnen Sie den Rundgang am Neuen Platz. Hier steht der **Malbaum**, der in 36 bunten Bildern auf vier Ringen die Geschichte der Stadt erzählt. Diese Historiendarstellung beginnt bei den Kelten, geht über die Römer und Grafen von Ortenburg bis hin zur Stadterhebung und zu Ereignissen der Gegenwart. In südlicher Richtung geht der Neue Platz in den Burgplatz über, an dem Sie das **Khevenhüller-Stadtschloss** finden – das heutige Rathaus [Burgplatz 5, A-9800 Spittal an der Drau, Tel.04762-565 02 20. Mo-Do 7.30-16.30, Fr 7.30-13 Uhr, Eintritt frei]. Hier begann der beeindruckende Aufstieg des Fürstenhauses der Khevenhüller. Christoph Khevenhüller und seine Frau Elisabeth Mannsdorf ließen 1537 diesen dreigeschossigen Renaissancebau mit Arkaden errichten. Darin geboren wurde einer der bedeutenden europäischen Diplomaten: Hans Khevenhüller war kaiserlicher Gesandter am Hof Philipps II. von Spanien und hatte die Ehre, in den Orden des „Goldenen Vlieses" aufgenommen zu werden.

Königliches Domizil für Bedürftige

Der Weg führt Sie nun zum Hauptplatz, an dem das **Schüttpacher Stadthaus** (Nr. 153) steht, zu erkennen am Wappenschild mit dem weiß-roten Adler. Es zählt zu den charakteristischen Bürgerhäusern Spittals und war das Domizil des Grafschaftshauptmanns Christoph Schüttpacher. Weiter geht es durch den Torbogen über die Lieserbrücke zum **Spittl**, das der Stadt den Namen gab. 1191 als Raststation eingerichtet, wurde das Gebäude im 16. Jahrhundert im Stil eines Renaissancepalasts mit Arkadenhof renoviert. Noch heute zählt es zu den

Römisches Tiermosaik

Lassen Sie Ihr Kind mal suchen: Wo ist da der fliegende Adler? Ist das die säugende Hirschkuh? Und was macht der Reiher mit der Schlange? Die intensiven Farben des berühmten Mosaikbodens – einem Sensationsfund in den Alpen vor 100 Jahren – bringen die altrömischen Darstellungen zum Strahlen. Im ***Römermuseum Teurnia*** *in Lendorf (Achtung: Abzweigung von der B 100 schlecht ausgeschildert!) erleben Sie eine spannende Zeitreise durch das Areal dieser römischen Provinzhauptstadt: in Schauräumen, im Freigelände und in Kirchen. Die Tiersymbole erzählen übrigens Gleichnisse des christlichen Glaubens – wie Gott seine Kinder schützt (Adler), von der Liebe Gottes (Hirschkuh) und wie Christus das Böse besiegt (Reiher und Schlange). St. Peter im Holz 1a, A-9811 Lendorf, Tel. 04762-338 07, teurnia@landesmuseum-ktn.at, www.landesmuseum-ktn.at. Mai-Mitte Okt Di-So 9-17 Uhr, Erw. € 5, Kinder (6-18 J.) € 3, Familien € 11,50.*

bedeutendsten Bauten der Stadt. Im 16. und 17. Jahrhundert fanden im Spital ausschließlich Bedürftige und Durchreisende unter kargen Bedingungen Unterkunft und Verpflegung, nun ist es Domizil der Fachhochschule.
Wenn Sie jetzt wieder über die Brücke zurückgehen und links in die Bogengasse einbiegen, fällt Ihnen das **Petzlbräu** auf. Bemerkenswert ist seine Fassade aus spätbarock-josephinischer Zeit um 1780. Schauen Sie genau hin: Dargestellt sind die Heiligen Drei Könige und eine Sonnenuhr. Der Bau diente dem Geschlecht der Porcia lange als Brauhaus, heute beherbergt er das Stadtarchiv. Jetzt sind es nur noch ein paar Schritte bis zur **Stadtpfarrkirche Maria Verkündigung.** Hier ist der eigentliche Ursprung der Stadt Spittal zu suchen. Mehrere Umbauten, ein Erdbeben und zwei Brände haben das Aussehen der einstigen Kapelle entscheidend verändert, auf der äußeren Nordwand sind allerdings noch Reste des Wappensteins der ersten Frau Gabriels von Salamanca, Elisabeth von Eberstein, zu erkennen.

Prunkstück von Spittal

Folgen Sie der Kirchgasse weiter, und Sie stoßen direkt auf das Prunkstück der Stadt, das **Schloss Porcia** [Museum für Volkskultur, Burgplatz 1, A-9800 Spittal an der Drau, Tel. 04762-28 90, info@museum-spittal.com, www.museum-spittal.com. Mai-Okt tägl. 9-18, Nov-April 13-16 Uhr, Erw. € 7, Kinder € 3,50]. Dieser Palazzo zählt wohl zu einem der schönsten Renaissancebauten des Alpenraums. Im Auftrag von Gabriel von Salamanca und seinen Nachkommen wurde hier von italienischen Meistern ein prächtiges Kunstwerk geschaffen, das lange Zeit auch den Fürsten von Porcia als Residenz

Der Stolz Spittals: das Renaissanceschloss Porcia

(1662-1918) diente. Die Schönheit des dreigeschossigen Arkadenhofs bildet heute einen festlichen Rahmen für kulturelle Veranstaltungen wie Chorwettbewerbe und Komödienspiele.

Krämerladen & Wiege

Ihre Kinder werden sich vermutlich für die oberen Etagen begeistern, für die Räume des **Museums für Volkskultur**, das mit dem Europäischen Museumspreis ausgezeichnet wurde. Dort finden Sie eine schier unglaubliche Fülle von Exponaten – rund 20.000. Beleuchtet werden unterschiedliche Aspekte des Lebens, wie Volksglaube und Brauchtum, Bergbau, diverse Handwerke, Bergsteigen und Wintersport bis hin zum Fürstenzimmer. Sie sehen zum Beispiel eine Rauchkuchl, in der die Bäuerin früher kochte, sowie Dreschgeräte, ein Wirtshaus und einen Krämerladen, Ölpressen und Kinderwiegen in der Bauernstube. Besonders hübsch: die Spielzeugabteilung, in der Puppen, ein hölzernes Dreirad, Puppenwagen, -stube und -küche, Eisenbahn, Kaufladen und Kasperltheater aus längst vergangenen Zeiten zu sehen sind.

Schulalltag anno dazumal

Die alte Schule und der Lehrmittelraum vermitteln einen Eindruck vom damaligen Schulalltag: Die Schüler saßen auf Holzbänken und mühten sich ab mit Rechenkugeln und erbaulichen Lesebüchern wie „Die fleißige Marie“.
Beliebte neuere Attraktion im Schloss Porcia ist das „Kärnten Panorama“, eine begehbare, 200 Quadratmeter große Landkarte, die man mit Filzpantoffeln betritt und die das Gefühl vermittelt, über Kärnten zu schweben. Nach diesem Museumsausflug – und einer Pause im **Schlosscafé** [Tel. 04762-4707, robert.pirker@gmx.net, www.die-wirte-spittal.at] oder -garten – heißt es zurück zum Parkplatz und auf zum Millstätter See.

Kärntner Karfunkelsteine

Den rubinroten Granat, auch „Feuerstein der Liebe“ genannt, schätzten schon die alten Ägypter, Griechen und Römer. „Carbunculus“ (kleine Kohle) nannte Plinius d. Ältere ihn. Daraus wurde der „Karfunkelstein“, der seit Menschengedenken Glück bringen und Kraft spenden soll. Kärnten gilt als Gegend mit dem größten Granatvorkommen Europas. Im ***Granatium*** *in Radenthein taucht man ein in diese Magie. Dann geht's durch einen Granataderstollen zum Schürfgelände, wo kleine und große Handwerker (mit Schutzbrille und Helm) blutrote Steinchen aus dem Fels hämmern und mitnehmen dürfen. Klammweg 10, A-9545 Radenthein, Tel. 04246-291 35, info@granatium.at, www.granatium.at. Mai-Okt tägl. 10-18 Uhr, mit Führung Erw. € 9,90, Kinder (6-15 J.) € 4,90, Familien € 20.*

Überall Skulpturen

Ungefähr in der Mitte des nördlichen Seeufers liegt **Millstatt**, heilklimatischer Kurort und Kulturzentrum des Kärntner

Oberlands [Millstätter See Tourismus, Marktplatz 14, A-9872 Millstatt, Tel. 04766-370 00, info@millstaettersee.at, www.millstaettersee.at]. Hier sind zahlreiche Beherbergungsbetriebe auf Familien mit Kindern eingestellt. Angefangen hatte die touristische Entwicklung 1869, nach der Jahrhundertwende siedelten sich besonders Reiche und Adelige mit ihren Bediensteten für zwei bis drei Monate zur Sommerfrische an. Aus dieser Zeit sind noch schöne Villen vom Millstätter Plateau bis zum Strand hinunter erhalten. Auch wenn Sie rund um den Marktplatz gehen und zum See spazieren, entdecken Sie „Habsburger Villen". Dabei kommen Sie am ehemaligen Benediktinerkloster vorbei, gegründet im 11. Jahrhundert und einst geistig-kultureller Mittelpunkt der Region, sowie an der Stiftskirche mit Kreuzgang.
Beim Rundgang stoßen Besucher immer wieder auf Skulpturen. Sie haben einen historischen Bezug. Denn um 800 n. Chr. ließ Herzog Domitian, der sagenhafte Gründer von Millstatt, nach seiner Bekehrung zum Christentum 1.000 Götzenstatuen (mille statuae) in den See werfen. Höhepunkte des heutigen Kulturlebens der Stadt sind die **Musikwochen Millstatt** (siehe S. 112).

An den Domitian, den Gründer Millstatts, erinnert eine Statue im See

Der Riese Mirnock

Es war einmal ein Riese, der hauste in den Mirnockbergen über dem großen See. Eines Tages erspähte er eine Fischerstochter, und weil sie ihm gefiel, raubte er sie. Daraufhin ging der tapfere Vater zum Riesen und gab ihm einen Schlaftrunk. So konnte er seine Tochter befreien. Als der Riese erwachte, war er so erzürnt, dass er Felstrümmer aus den Bergen in den See warf. So entstanden der Sage nach aus dem großen See zwei kleinere: der Brennsee und der Afritzer See (siehe S. 21).

Auf der Weiterfahrt haben Sie etwa bei Dellach oder auch von der Millstätter Höhenstraße aus einen schönen Blick auf den See und den Millstätter Spitz, die in den See hineinragende Landzunge der Stadt. Vorbei an Döbriach biegen Sie bei Radenthein rechts ab auf die B 98 nach **Feld am See.**

Tiere in (fast) freier Wildbahn

Kurz vor dem Ort zweigen Sie rechts in den **Alpenwildpark Feld am See** ab, wo heimische Wildtiere zur großen Foto- und Filmsafari einladen. Hier lassen sich auf einem Rundweg Gämsen, Damwild und Mufflons beobachten (siehe S. 89).

Tour 5: Streifzug durch 200 Millionen Jahre mit Almbesuch

Geo-Trail Garnitzenklamm/Hermagor • Sonnenalpe Nassfeld • Kötschach-Mauthen • Maria Luggau

Wo: in der Karnischen Region Gailtal, Gitschtal, Lesachtal und Weißensee – Wie: mit dem Auto und zu Fuß – Dauer: ganztägig – Nicht vergessen: Wanderausrüstung inklusive Anorak oder Regenbekleidung und Pullover, Rucksack mit Verpflegung

Abwechslungsreiche Naturerlebnisse bietet diese Tour: unterhalb des Hauptkamms der Karnischen Alpen auf dem Weg durch eine Klamm, in der uralte Steine zu entdecken sind. Dann den spannenden Blick in eine Schaukäserei, in der nach traditioneller Art Milch zu leckerem Ess- und Trinkbarem verarbeitet wird. Schließlich führt der Weg noch zu alten Wassermühlen und einer bekannten Wallfahrtskirche. Übrigens: Unterhaltsame Abstecher können Sie an den Weißensee und den Pressegger See (siehe S. 22 u. 23) machen.

Auf den Spuren der Erdgeschichte

Wandern in der **Karnischen Region** heißt auf 350 Quadratkilometern zwischen Gail-, Gitsch- und Lesachtal fast 500 Millionen Jahre Erdgeschichte zu erleben [Kärntens Naturarena, Hauptstr. 14, A-9620 Hermagor, Tel. 04282-31 31, info@naturarena.com, www.naturarena.com]. Steine und Felsen in verschiedenen Farben und Formen erzählen von den Veränderungen auf der Erde. Weil es im Erdaltertum hier ein Meer gab, enthalten sie an vielen Stellen Fossilien von urzeitlichen Wasserbewohnern. Muscheln, Armfüßer, Korallen, Farne oder Seelilien können Wanderer an den zahlreichen Haltepunkten entlang gekennzeichneter Naturpfade entdecken. Dieser **Geo-Trail** besteht aus verschieden langen, ausgeschilderten Wegen durch das Gailtal am Karnischen Hauptkamm. Panoramatafeln, Gesteinsbeschreibungen und Fossilienausstellungen laden ein, das riesige Freilichtmuseum zu erforschen. Für einen Familienaus-

Einzigartige Wulfenia

Jedes Jahr im Juni erwartet Blumenfreunde ein einzigartiges Naturschauspiel: die Blütezeit der Wulfenia carinthiaca. Die blau blühende Blume Kärntens ist strengstens geschützt und wächst in dieser Art nur hier, Unterarten sind noch im Himalaja und in Albanien bekannt. Das seltene Gewächs (siehe auch S. 114) gedeiht am Fuß des Gartnerkofels. Vom Grenzübergang am Nassfeld erreichen Sie das Gebiet in einer rund halbstündigen Wanderung.

flug am ehesten geeignet ist die **Garnitzenklamm** [OeAV-Sektion Hermagor, Eggerstr. 7, A-9620 Hermagor, Tel. 04282-33 55, oeav-hermagor@gmx.at, www.alpenverein.at/hermagor].

Sind Sie schwindelfrei?

Suchen Sie sich auf der Karte als Orientierungspunkt den Ort **Hermagor**, das Zentrum des Gailtals. Kurz hinter dem Ort, auf der Fahrt in Richtung Kötschach-Mauthen, zweigen Sie nach Möderndorf ab und fahren über die Eggeralm-Landstraße rund einen Kilometer bis zum Parkplatz am Klammanfang. Sie ist vorbildlich erschlossen: Auf alpinen Steigen geht es über Schluchten, Brücken und zu Wasserfällen. Einzelne Abschnitte verlangen allerdings Trittsicherheit und Schwindelfreiheit, deshalb ist diese Wanderung erst für Kinder ab ungefähr acht Jahren geeignet. Bei einem Höhenunterschied von rund 500 Metern ist die Klamm immerhin sechs Kilometer lang. Für den gesamten Weg hin und zurück benötigt man etwa vier bis fünf Stunden. Doch es geht auch einfacher, denn sie ist in vier Abschnitte unterteilt. Vielleicht marschieren Sie nur bis zur Franzenswarte und anschließend wieder zurück (insgesamt ca. 1,5 Std.), oder Sie wandern bis zur Abzweigung „Notunterstand“, von wo aus Sie über das Kirchlein St. Urbani zum Parkplatz zurückkehren (insgesamt ca. 2,5 Std.).

Streifzug durch 200 Millionen Jahre

Auf dem Weg durch die schmale Schlucht durchstreifen die Wanderer einen geologischen Zeitraum von rund 200 Millionen Jahren; die ältesten Kalk- und Schiefergesteine am Klammanfang – sie sind auch die ältesten Gesteine der Karnischen Alpen – sind 460 Millionen Jahre alt. Die jüngsten Schichten an ihrem Ende bringen es auf etwa 250 Millionen Jahre. Besonders

Auf dem Weg zur Garnitzenklamm passieren Sie die Eggeralm

Tarzan auf der Alm

*Auf der **Tressdorfer Alm** am Nassfeld wartet ein **Felsenlabyrinth** aus Hochseilgarten, Schluchten und Klettersteigen auf junge Abenteurer. Wagemutige schweben, gut gesichert, auf der „Flying-Fox-Meile" wie Tarzan von Baum zu Baum. Noch mehr Action: Auf der **Sommerrodelbahn Pendolino** flitzt man von der Bergstation runter auf die Tressdorfer Alm. NTC Nassfeld, A-9631 Tröpolach, Tel. 04285-7100, service@soelle.at, www.felsenlabyrinth.at. Mai-Okt tägl. 9-17 Uhr, Erw. € 22, Kinder (8-15 J.) € 16.*

interessant sind unterhalb der Franzenswarte die **Strudeltöpfe:** Vertiefungen, die durch strudelnd bewegte Gerölle entstanden sind. Hier sind verschiedene Gesteinsschichten deutlich zu erkennen.

Besuch auf der Alm

Doch noch andere Besonderheiten hat das Gailtal zu bieten: Almsennereien entlang des Karnischen Höhenwegs. Bereits in Urkunden aus dem 14. Jahrhundert sind Hinweise auf Sennereien im Gailtal enthalten. So wird von alters her das Milchvieh im Sommer auf die Almen getrieben und die Milch an Ort und Stelle zu Gailtaler Almkäse verarbeitet. Den Weg von der Kuh zum Käse lassen Sie sich zum Beispiel in der **Schaukäserei Tressdorfer Alm** erklären [A-9620 Sonnenalpe Hassfeld, Tel. 04285-81 81, hannes.dollinger@tressdorferalm.at, www.tressdorferalm.at, Mitte Juni-Mitte Sep tägl. 9-14 Uhr, Erw. € 4, Kinder (7-13 J.) € 1]. Dorthin gelangen Sie mit dem Auto in ca. 20 Minuten, zunächst von Hermagor auf der B 111 Richtung Kötschach-Mauthen. Nach acht Kilometern sehen Sie schon die Abzweigung auf die B 90 zur **Sonnenalpe Nassfeld** und zum Tressdorfer Almweg. Vom Parkplatz aus spazieren Sie in rund 30 Minuten zur Almhütte.

So ein Käse

In der Käserei steigt den Besuchern ein säuerlicher Duft in die Nase. In einem großen Kessel rührt ein Käser die Rohmilch, die langsam erhitzt wird. Mit einer Käseharfe zerkleinert er die entstehende Gallerte. Ein anderer Käser presst die feste, weiße Masse – den Käsebruch – in runde Holzformen, und der nächste legt die dicken, schweren Käselaibe ins Salzbad. Im Reiferaum schließlich wird der Käse auf Holzregalen gelagert und regelmäßig gewendet. Während Sie den Käsern bei der Arbeit über die Schulter schauen, dürfen Sie

Eine der Milchlieferantinnen für den leckeren Tressdorfer Almkäse

in paar Kostproben vom fertigen Käse nehmen oder andere Milchprodukte probieren. Jährlich werden hier etwa 400 große Laibe hergestellt. Im traditionellen Verfahren entstehen hier würziger Hart-, Schnitt- und Kräuterweichkäse, Rohmilchcamembert, geräucherter und „grüner Schotten" (Ricotta) bis hin zu Sauerrahmbutter, Quark, Joghurt, Molkedrinks und Vanillemilch. Jetzt haben Sie wahrscheinlich Appetit bekommen und können sich nebenan im Gasthof eine Käsejause schmecken lassen.

Wasser, Wind und Sonne

Gut gestärkt brechen Sie zur nächsten Etappe auf und fahren auf der B 111 insgesamt etwa eine Dreiviertelstunde weiter nach **Kötschach-Mauthen** [Tourismusbüro, A-9640 Kötschach-Mauthen 390, Tel. 04715-85 16, info@koemau.com, www.koemau.at]. Der Doppelort am westlichen Ende des Gailtals war einst ein wichtiger Schnittpunkt am Alpenübergang von Italien über den Plöckenpass weiter über den Großglockner nach Salzburg. Bereits die Römer bauten hier eine Straße, die Via Julia Augusta, und 1857 entdeckte der Geschichtsforscher Theodor Mommsen auf der Missoriaalm südlich von Mauthen venetische Felsinschriften aus vorrömischer Zeit, die zu den ältesten Schriftdenkmälern Österreichs zählen. Einen Blick wert ist übrigens die **Kötschacher Pfarrkirche**, auch Gailtaler Dom genannt, mit ihrem ausgefallenen Netzgewölbe aus Schlingrippensternen.

Wer sich für alternative Energien interessiert, wird in der Gemeinde mit 3.500 Einwohnern staunen. Kötschach-Mauthen gilt europaweit als Vorzeigeort für erneuerbare Energie. In ein paar Jahren möchte man hier völlig energieautark sein – dank Bergstauseen und Wasserkraftwerken, Windturbine, Biogasanlage, Sonnenkraftwerk und Fotovoltaikanlagen. Mittlerweile mehrfach von der EU für seine Ökobilanz ausgezeichnet, war der Ort im Gailtal von Anfang an ein Energiepionier: 1899 brannte hier schon elektrisches Licht – immerhin 14 Jahre vor der Landeshauptstadt Klagenfurt. Das **Energie-Erlebnis-Projekt** soll es bald auch Touristen ermöglichen zu verstehen, wie erneuerbare Energien funktionieren: an den Info-Terminals eines multimedialen Besucherleitsystems, im „Lerngarten", den auch Kinder spannend finden, und anhand individuell zusammengestellter Öko-Energie-Pakete (auf Anfrage) [Verein „energie:autark Kötschach-Mauthen", Sabrina Barthel, Rathaus 390, A-9640 Kötschach-Mau-

Feigenravioli & Gartenpfirsiche

*Ein Tipp für Gourmets: Im **Landhaus Kellerwand** verwöhnen Sissy und Stefanie Sonnleitner ihre Gäste mit Kärntnerischem und Italienischem in kulinarischer Vollendung. Auf der Karte stehen etwa Feigen-Prosciutto-Ravioli, Lesachtaler Reh in Schwarzbeersaft und Gartenpfirsiche in Chianti mit Mandelsahne. Vier-Gänge-Menü ca. € 50. A-9640 Kötschach-Mauthen, Tel. 04715-2 69, info@sissy-sonnleitner.at, www.sissy-sonnleitner.at.*

then, Tel. 04715-85 16 36, info@energie-autark.at, www.energie-autark.at].

Es klapper(te)n die Mühlen am rauschenden Bach

Von Kötschach-Mauthen aus geht es weiter auf der B 111 in westlicher Richtung ins **Lesachtal.** Zu seiner Hochblüte klapperten rund 200 Mühlen entlang des Bachlaufs, deshalb wurde das Tal früher auch das „Tal der hundert Mühlen" genannt. Die Kraft der Wassermühlen nutzten die Bauern zum Mahlen des Getreides und zum Betreiben von Pflügen, Aufzügen, Dreschmaschinen und Sägewerken. Heute werden noch fünf Mühlen in **Maria Luggau** am Leben erhalten.

Der knapp einstündige Spaziergang durch das **Mühlendorf** beginnt beim **Bäckwirt**, einem alten Wirtshaus [Brigitte Lugger, Mühlenverein Maria Luggau, A-9655 Lesachtal, Tel. 04716-269, lugger.mario@aon.at, www.lesachtal.com/muehlenweg. Im Sommer 14-täg. Kornmahlen, Anfang April-Ende Okt Führung auf Anfrage. Spende erbeten, Bauernladen: Mai-Okt tägl. 10-17 Uhr].

Bevor Sie auf dem Rundweg zum Lesachtaler Bauernladen gelangen, in dem Brot, Kunsthandwerk und Andenken angeboten werden, sollten Sie noch einen Blick auf die **Wallfahrtskirche Maria Luggau** werfen. Diese barocke Basilika geht auf die kleine Kapelle Maria Schnee aus dem 16. Jahrhundert zurück. Sie wurde dort erbaut, wo der Bäuerin Helena auf einem Getreideacker die Gottesmutter erschienen sein soll und ein Wunder geschah: Eine brennende Kerze am Feldrain erlosch auch nicht, als ein starker Sturm aufkam.

Unzählige solcher Mühlen waren früher im Lesachtal in Betrieb

Tour 6: Zur „Krone des Landes“

Villach • Burg Landskron • Treffen • Verditz

Wo: in der Region zwischen Faaker und Ossiacher See – Wie: mit dem Auto und zu Fuß – Dauer: ganztägig – Nicht vergessen: feste Schuhe, Rucksack mit Getränk und Verpflegung, Fernglas

Auf dem Hauptplatz im Zentrum Villachs geht es immer geschäftig zu

Heute stehen ein Spaziergang durch eine Altstadt auf dem Programm sowie ein Ausflug auf eine mittelalterliche Burg, und es gibt Puppen zu sehen, die Szenen aus dem ländlichen Leben darstellen. Schließlich sorgt eine Rutschpartie auf einer Sommerrodelbahn für Spaß und Nervenkitzel.

Kirche mit Ausblick

Los geht's in **Villach**, der zweitgrößten Stadt Kärntens (58.000 Einwohner) [Villach Tourismus, Bahnhofstr. 3, A-9500 Villach, Tel. 04242-205 29 00, tourismusinformation.stadt@villach.at, www.villach.at/tourismus]. Die heimliche Landeshauptstadt ist nicht nur berühmt für ihren Fasching, auch die Altstadt lockt wegen ihrer vielen bunten Häuserfassaden Besucher an. Am besten überqueren Sie bei der weithin sichtbaren Heiligenkreuzkirche die Drau und steuern den Parkplatz oder die Parkgarage südöstlich der Altstadt an. Der Spaziergang beginnt am nahen Rathausplatz. Gegenüber erhebt sich die spätgotische **St.-Jakobs-Kirche**, eine der schönsten Hallenkirchen des Landes. Ihr baldachinartiger Hochaltar aus reichem Rokokoschnitzwerk prunkt mit den Statuen von Maria zwischen Laurentius und dem Kirchenpatron Jakobus dem Älteren; am ausladenden Gesimse erkennen Sie die Heiligen Drei Könige. Auf den Stadtpfarrturm der Kirche – er ist 94 Meter hoch und das Wahrzeichen Villachs – führen fast 240 Stufen hinauf. Es lohnt sich hinaufzusteigen, denn

Blumen, Tiere und Steine

*Der **Dobratsch,** der Hausberg Villachs, ist das älteste Naturschutzgebiet Kärntens und wurde – nach dem Abbau der Skiliftanlagen – 2002 zum ersten Naturpark erklärt. Im **Alpengarten** (1.500 m) finden Sie die schönsten Blumen der Südalpen und auf der Aussichtsplattform können Sie Felsenschwalben und Wanderfalken beobachten. Geo- und Naturlehrpfad machen mit heimischen Gesteinsarten, Tieren und Pflanzen vertraut, und es gibt einen Spielplatz und Einkehrhütten. Erreichbar ist die Bergkuppe über die Villacher Alpenstraße (Mautstelle Tel. 04242-553 09, Pkw-Maut einfache Fahrt € 13) oder mit dem Shuttlebus (Erw. € 2,50, Kinder (bis 15 J.) € 1, office@naturpark-dobratsch.info, www.naturparkdobratsch.info).*

dort oben sehen Sie auf die Stadt und in der Ferne die Hohen Tauern bis zu den Julischen Alpen.

Die Wohnung von Karl V. und Maria Theresia

Sobald Sie wieder sicheren Boden unter den Füßen haben, gehen Sie weiter auf dem Hauptplatz mit der barocken **Dreifaltigkeitssäule.** Sie kommen an schönen Fassaden alter Bürgerhäuser vorbei, deren Baukern zumeist noch mittelalterlichen Ursprungs ist. Eines der beherrschenden Gebäude ist das **Hotel Post,** das sich mit seiner reich verzierten Renaissancefassade aus dem Häuserensemble heraushebt. Einst war es im Besitz der Grafen Khevenhüller, ein während der Renaissance in ganz Österreich einflussreiches Adelsgeschlecht. Zu seiner Glanzzeit beherbergte das Gebäude bekannte Persönlichkeiten wie Kaiser Karl V., die österreichische Herrscherin Maria Theresia und Kronprinz Rudolf, den Sohn Kaiser Franz Josephs I. Heute zählt das Romantikhotel mit gotischen Gewölben und Säulen im Innern zu den Schmuckstücken der Stadt. An seine Funktion als Postwagenstation im 19. Jahrhundert erinnert noch ein alter Briefkasten.

Zwei berühmte Ärzte

Ein paar Schritte weiter fällt ein stattliches Gebäude auf mit einem dreigeschossigen Arkadenhof im Renaissancestil, dem Paracelsushof. Hier

Die Dreifaltigkeitssäule errinnert an das Ende der Pestepidemie

Eine bewegte Vergangenheit hat Burg Landskron aufzuweisen

soll der Arzt Wilhelm von Hohenheim zwischen 1505 und 1534 gewohnt haben. Sein berühmter Sohn Theophrastus von Hohenheim, bekannt als Paracelsus (1491-1541), hat hier seine Kinder- und Jugendjahre verbracht. Zwei marmorne Medaillons erinnern daran.

Während Sie an Geschäften vorbei den Hauptplatz hinunterspazieren, sollten Sie auch einen Blick in die heimeligen Gässchen aus unregelmäßig gebauten Hausmauern und Schwibbögen werfen. An der Draubrücke angelangt, sehen Sie im Westen die Burg, den ehemaligen Sitz der bambergischen Verwaltung. Das Bistum Bamberg hat erst 1759 den Kärntner Besitz mit Villach für eine Million Gulden an Kaiserin Maria Theresia verkauft. Im Norden fällt Ihr Blick auf die neugotische Nikolaikirche, und am Ostufer prunkt das Congress Center, in dem unter anderem der Villacher Fasching und Aufführungen des Carinthischen Sommers veranstaltet werden.

Kulturgeschichte und Kärnten en miniature

Museumsbesuch gefällig? Ein Abstecher führt zum Beispiel westlich der Stadtpfarrkirche ins **Museum der Stadt Villach:** Es ist in einem alten Bürgerhaus untergebracht und gibt einen Einblick in die Geschichte, Kunst und Kultur des Villacher Raums. Der lauschige Innenhof bildet die Kulisse für einen beschaulichen Rundgang [Widmanngasse 38, A-9500 Villach, Tel. 04242-205 35 00, museum@villach.at, www.villach.at/museum. Mai-Okt Mo-Sa 10-16.30, Erw. € 3, Jugendliche € 2, Kinder frei].

Bevor Sie die Stadt verlassen, dürfen Sie noch einen Abstecher zum 1913 aufgestellten **Relief von Kärnten** im Villacher Schillerpark machen. Diese große, überdachte Geoplastik aus Zement zeigt auf einer Fläche von 183 Quadratmetern das ganze Land Kärnten topografisch genau als dreidimensionales Modell im Maßstab 1:10.000 [Peraustraße, A-9500 Villach, Tel. 04242-205 35 50, museum@villach.at, www.villach.at/museum. Mai-Okt Mo-Sa 10-16.30 Uhr, Erw. € 2, Jugendl. € 1,20, Kinder frei].

Sommerkonzerte in der Burgarena

Ob Karibik- oder Tangonacht, „La Traviata“ oder Glenn Miller Orchestra – jeden Sommer (Ende Juni-Anfang Sep) erwacht die ***Burgruine Finkenstein*** *südlich des Faaker Sees zu neuem Leben. Stars aus der Musikwelt und des Kabaretts begeistern in der Freiluftarena. Fam. Satran jun., A-9582 Latschach, Tel. 04254-51 05 11, office@burgarena.at, www.burgarena.at.*

Wenn Sie nun das Stadtzentrum in nordöstlicher Richtung verlassen, sehen Sie schon bald in spektakulärer Lage das nächste Ausflugsziel: Auf einer hohen, bewaldeten Kuppe der Ossiacher Tauern erhebt sich die **Burg Landskron** [Schlossbergweg 30, A-9523 Landskron, Tel. 04242-415 63, office@burg-landskron.at, www.burg-landskron.at. Eintritt frei, Maut € 2,50]. Einst war sie die beherrschende „Krone des Landes“, aber auch heute noch ist sie ein imposanter Aussichtspunkt. Die steile Autostraße führt bis in die Burg, Parkplätze sind aber auch weiter unten vorhanden.

Verbotene Bibeln und Adler auf der Burg

Die Erbauer der Burg waren vermutlich die Grafen von Sternberg. Im 14. Jahrhundert erwarb sie Herzog Albrecht II. von Österreich, danach wurde Landskron ein ertragreicher Besitz der Habsburger. Im 16. Jahrhundert gehörte die Burg dem Kärntner Landeshauptmann Christoph Khevenhüller. Dessen Sohn Bartlmä, ein überzeugter Protestant, ließ nicht nur die Burg wehrhaft ausbauen, sondern hier auch verbotenerweise Lutherbibeln drucken. Im 17. Jahrhundert gelangte sie an die Fürsten Dietrichstein, die sie allmählich verfallen ließen. Erst nach 1952 wurden die Reste der Burg restauriert.

Interessant machen den Besuch besonders die Vorführungen der **Greifvogelwarte** [Adler-Flugschau: Tel. 04242-42 88 88, info@adlerarena.com, www.adlerarena.com. Mai/Juni/Sep/Okt tägl. 11 u. 14.30 Uhr, Juli/Aug tägl. 11, 14.30 u. 17.30 Uhr, Erw. € 9, Kinder (6-14 J.) € 4,50]. Sie erleben, wie sich die mächtigen Vögel mit Flügeln von mehr als zwei Metern Spannweite in die Lüfte schwingen und dann wieder beim Falkner landen. Währenddessen werden Verhalten und Lebensgewohnheiten der 24 verschiedenen Greifvögel erklärt, die alle auf Landskron nachgezüchtet wurden. Zu bestaunen sind unter anderem Stein-, Kaiser-, Raubadler, Wander-,

Packend sind die Vorführungen der Greifvogelwarte

Turmfalken, Gänse-, Mönchsgeier sowie Schleier- und Schneeeulen. Am Fuß der Burg wohnen außerdem auf dem **Affenberg** 131 Japan-Makaken [Tel. 04242-43 03 75, info@affenberg.com, www.affenberg.com. April-Okt tägl. 9.30-17.30 Uhr, Erw. € 9, Kinder (4-14 J.) € 4,50].
Nun geht die Fahrt weiter in Richtung Norden. Nach dem Ort Treffen biegen Sie rechts ab, um in **Elli Riehls Puppenwelt** einzutreffen [Fam. Berger, Buchholzer Str. 4, A-9541 Einöde, Tel 04248-23 95, info@elli-riehl-puppenwelt.at, www.elli-riehl-puppenwelt.at. April/Mai 9-12 u. 14-18, Juni-Sep 9-18, 1. Okt-Mitte Okt 14-18 Uhr, Erw. € 5,20, Jugendliche € 3,50, Kinder (bis 14 J.) € 2,70]. Die gebürtige Villacherin Elli Riehl (1902-1977) schuf rund 700 Stoffpuppen, die Szenen aus dem ländlichen Leben darstellen. Besonders Bergbauernkinder waren Modelle für ihre Figuren. So sind in dem kleinen Museum Kinder beim Rodeln, Ringelreihen und Raufen zu sehen, auch Schulkinder und ein auf dem Töpfchen sitzender Bub sind dabei.

Pilze zu jeder Jahreszeit

Wer sich mehr für Pilze als für Puppen interessiert, fährt gleich bis zur Abzweigung von der B 98, wo die nächste Ausflugsstation wartet: die **Pilz- und Wald-Erlebniswelt** [Winklerner Str. 26, A-9541 Einöde, Tel. 04248-26 66, info@pilzmuseum.at, www.pilzmuseum.at. Mai/Juni/Sep/Okt tägl. 10-17, Juli/Aug tägl. 9-18 Uhr, Erw. € 5,50, Kinder (ab 6 J.) € 3, Fam. € 14]. Sie lädt zu einem Spaziergang durch den Wald ein: Auf 500 Quadratmetern Ausstellungsfläche wird das Wachstum der Pilze im Jahreslauf unter und über der Erde vorgestellt.

An die Grenze

Wenn Sie Ihr Kind dafür sensibilisieren möchten, dass Krieg nicht wie ein Computerspiel funktioniert, dann interessiert Sie vielleicht das ***Bunkermuseum Wurzenpass.*** *Es ist das einzige dieser Art in Österreich und erinnert mit Original-Bunkern, Stellungen und Sperren an den Kalten Krieg und die ehemalige Grenze zum Ostblock. An der Wurzenpass-Bundesstraße 109, kurz vor der Staatsgrenze zu Slowenien, besuch@bunkermuseum.at, www.bunkermuseum.at. Mai/Juni/Sep/Okt Mi-So 10-18 Uhr, Juli/Aug tägl., Erw. € 7, Jugendliche € 3, Kinder (ab 6 J.) € 2,50.*

Rodeln im Sommer

Nun wartet noch – ein paar Kilometer weiter nördlich – eine Rodelpartie auf Sie: Die **Sommerrodelbahn Verditz** ist 1.100 Meter lang, hat 34 Kurven und ein Gefälle zwischen 15 und 25 Prozent [Talstation Afritz/See, Tel. 04247-26 10, office@verditz.at, www.verditz.at. Außer bei Schlechtwetter Mai/Juni/Sep tägl. 9.45-17, Juli/Aug tägl. 9.30-18 Uhr, Bergfahrt u. Rodelbahn Erw. € 6, Kinder (6-15 J.) € 4]. Der Bahnverlauf bietet flache und steile Streckenabschnitte. Steilwandkurven und eine Brückenüberquerung sorgen für zusätzlichen Nervenkitzel. Eine spezielle Sportausrüstung ist nicht erforderlich. Kinder unter sechs Jahren sollten jedoch besser auf dem Schoß der Eltern mitfahren.

Tour 7: Elegante Seevillen und malerische Kirchlein

Klagenfurt • Krumpendorf • Pörtschach • Velden Maria Wörth • Maiernigg

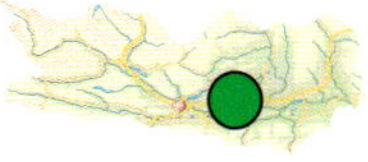

Wo: rund um den Wörthersee – Wie: mit dem Rad – Dauer: drei bis vier Stunden, mit Badepausen ganztägig – Nicht vergessen: Badesachen, Sonnenschutz, etwas Verpflegung und Getränke, Fotoausrüstung

Von Klagenfurt aus rund um den Wörthersee führt eine 40 Kilometer lange, auch für größere Kinder geeignete Radtour. Auf dem Weg gibt es die eine oder andere Sehenswürdigkeit, stille Badebuchten und als Höhepunkt die berühmteste Kirche am Wörthersee. Wenn Ihnen die Strecke zu lang erscheint, können Sie auch ganz gemütlich nach 20 Kilometern ein Schiff der Wörthersee-Flotte von Velden aus zurück nach Klagenfurt nehmen – einiges Sehenswerte entgeht Ihnen dann allerdings [Wörthersee Tourismus, Villacher Str. 19, A-9220 Velden, Tel. 04274-38 28 80, info@woerthersee.com, www.woerthersee.com].

Immer am Wasser entlang

Die Tour beginnt in Klagenfurt am Rathaus auf dem **Neuen Platz**, wo Sie bei der Touristen-Information Fahrräder ausleihen können. Am besten erkundi-

Ausgangspunkt der Wörthersee-Tour: der Neue Platz in Klagenfurt

gen Sie sich dort vorher, ob es woanders noch eine für Sie günstigere Radverleihstation gibt, denn die Gebühren der Parkgaragen im Zentrum sind hoch [€ 3-4/ Std.]. Geschickter ist es, das Auto beim Europapark abzustellen und mit dem kostenlosen Pendelbus in die Innenstadt zu fahren [Klagenfurt Tourismus, Rathaus, Neuer Platz 1, A-9010 Klagenfurt, Tel. 0463-537 22 23, tourismus@klagenfurt.at, www.klagenfurt-tourismus.at].
Zum See gelangen Sie auf dem Rad- und Fußweg entlang der nördlichen Seite des Lendkanals, der schon im frühen 16. Jahrhundert gebaut wurde und zur Bewässerung des Stadtgrabens sowie als Verkehrsweg diente. Die schönen Villen aus der Biedermeier- und Jugendstilzeit, die das Kanalufer säumen, sind vom Radweg aus gut zu sehen. Nach etwa 15 Minuten erreichen Sie das Ostufer des Sees. Vor 200 Jahren war dieses Gebiet – einst die Welt des sagenumwobenen Lindwurms (siehe Kasten S. 69) – noch eine Sumpflandschaft.
Auf der nördlichen Seepromenade geht es weiter am Metnitzstrand Richtung **Krumpendorf**, das Sie nach acht Kilometern erreichen: ein betriebsamer, gepflegter Villenort im Grünen. Mit der Aussicht auf eine erste kleine Badepause kurz vor dem Ortseingang von Pörtschach werden Sie die fünf Kilometer bis dorthin schnell geschafft haben.

Badeort mit Tradition

Pörtschach mit seinen alten Villen und Seehäusern, eleganten Hotels wie dem markanten Parkhotel, und der langen Seepromenade, den gepflegten Parks und

Früher wie heute ist Schloss Velden (S. 66) Treffpunkt der oberen Zehntausend

Hexen und Kobolde

*Im **Zauberwald Rauschelesee** bevölkern fantastische Lebewesen das Dickicht: Elfen, Waldgeister, Gnome und Baumkobolde. Auf dem Rundgang durch das Zauberreich begegnet man immer wieder neuen Überraschungen wie Hexen, Zwergen und dem Wassermann. Trampolinspringen, Seilbahn- und Gokart-Fahren gibt es ebenso wie ein Waldtheater, in dem Geschichten erzählt werden. Der Wald ist nur teilweise mit Kinderwagen befahrbar. Rauschelesee 3, A-9074 Keutschach, Tel. 04273-23 25, info@familienparadies-reichenhauser.at, www.familien paradies-reichenhauser.at. April-Okt tägl. 10-18 Uhr, bei Regenwetter geschl., pro Person (ab 2 J.) € 3,50.*

der über eine Fußgängerbrücke erreichbaren Insel ist ein Traditionsbadeort [Tourismusbüro Pörtschach, Hauptstr. 153, A-9210 Pörtschach, Tel. 04272-23 54, poertschach@woerthersee.com, www.poertschach.at]. Auffällig ist die architektonische Mischung aus Historismus, Jugend- und englischem Landhausstil, die den Charme vergangener Zeiten versprüht. Vor allem das Werzer-Bad, das zum Seehotel an der Werzerpromenade gehört, genießt als Kärntens letzte noch erhaltene Badeanlage der vorletzten Jahrhundertwende ein nostalgisches Renommee.

Besonders gut gefallen hat es in diesem Ort Johannes Brahms. In den Sommermonaten der Jahre 1877 bis 1879 weilte er hier und komponierte die „Regenlied-Sonate", Klavierstücke und seine berühmte 2. Symphonie. Das Ambiente scheint inspirierend gewesen zu sein, denn Brahms meinte: „Ja, der Wörthersee ist ein jungfräulicher Boden, da fliegen die Melodien, dass man sich hüten muss, keine zu zertreten." Im Hof des **Renaissanceschlosses Leonstain**, in dem er damals logierte und das heute ein feines Hotel-Restaurant beherbergt, erinnert noch eine Büste an den Sommerfrischler [Leonstainerstr. 1, A-9210 Pörtschach, Tel. 04272-28 16, info@leonstain.at, www.leonstain.at]. Auch im kleinen Brahmsmuseum, bei Freiluftkonzerten, der Festwoche und Operettenabenden liegt Musik in der Luft.

Das Lustschloss am Wörthersee

Vielleicht haben Sie Lust auf ein Stück Apfelstrudel, Erdbeersahne oder einen Windbeutel? Solch feine Leckereien und darüber hinaus als besonderen Gaumenkitzel Krokant-, Trüffel- und Nougat-Pralinen können Sie in der **Café-Konditorei Wienerroither** [Hauptstr. 145, A-9210 Pörtschach, Tel. 04272-22 61, office@wienerroither.com, www.wiener roither.com. Tägl. 7-19 Uhr] erstehen, bevor es weitergeht auf dem Wörthersee-Radweg, parallel zur Bahntrasse, nach Velden.

Velden gilt als beliebter Urlaubsort der Schönen, Reichen und Berühmten, die sich nicht nur im ganzjährig geöffneten Spielkasino treffen. Entlang der Flaniermeile und Seepromenade reihen sich exklusive Modegeschäfte und Juweliere, Cafés und Konditoreien aneinander. Das High-Society-Image verdankt der Ort in erster Linie dem gelben, viertürmigen Renaissanceschloss: Bereits 1590 wurde **Schloss Velden** als Lustschloss erbaut und war jahrzehntelang ein höchst renommierter Treffpunkt der Hocharistokratie [Schlosspark 1, A-9220 Velden, Tel. 04274-52 00 00, info.velden@capellahotels.com, www.schlossvelden capella.com]. Den Eingang zum Schlosspark ziert ein frühbarockes Rustikalportal, auf dem das Jahr 1603 und die Wappen des Erbauers, Bartholomäus Khevenhüller, und seiner drei Gattinnen zu sehen sind. Seit 2007 ist das Schloss ein Luxushotel mit einem weitläufigen modernen Anbau. Gourmetrestaurant und Bar im alten Schloss sowie das Seerestaurant (Reservierung empfohlen) sind öffentlich zugänglich, der Strandclub und der Yachthafen sind Hotelgästen vorbehalten.

Wer jetzt auf dem „Seeweg" wieder nach Klagenfurt zurückfahren möchte, geht samt Rad an Bord eines der Schiffe der **Wörthersee Schifffahrt**, [WSG Wörthersee Schifffahrt, Friedelstrand 3, A-9020 Klagenfurt, Tel. 0463-211 55, schifffahrt@wsg.co.at, www.woertherseeschifffahrt.at. Anfang Mai-Anfang Okt Abfahrt alle 2 Std., Tagesticket (beliebig viele Fahrtunterbrechungen möglich, z. B. in Maria Wörth). Erw. € 13 Kinder (6-14 J.) € 8,50, Fam. € 32, Fahrrad € 5].

Diejenigen, die mit dem Rad weiterfahren, brechen jetzt zur zweiten Etappe auf. Der Weg am Südufer ist zwar nicht so eben wie der am Nordufer, doch die kleinen Steigungen sind ohne große Anstrengungen zu bewältigen.

Weitblick

*Den **Pyramidenkogel** halten die Kärntner für ihren „schönsten Aussichtsberg". In 24 Sekunden erreicht der Lift die Plattformen des Aussichtsturms, von denen aus Sie bei klarer Sicht einen einmaligen Blick haben auf die Seenlandschaft und die Nockberge im Norden, Klagenfurt im Osten, die Karawanken im Süden und Dobratsch, Goldeckgruppe und Lienzer Dolomiten im Westen. A-9074 Keutschach, Tel. 04274-22 91 14, pyramidenkogel@ktn.gde.at, www.pyramidenkogel.info. April/Okt 10-18, Mai/Sep 9-19, Juni 9-20, Juli/Aug 9-21 Uhr. Erw. € 6 Kinder (6-17 J.) € 3 Fam. € 16.*

Beste Aussichten vom Pyramidenkogel

Schon nach ein paar Kilometern führt der Weg zu einem Hügel, auf dem der Aussichtsturm **Pyramidenkogel** steht (siehe Kasten oben). Nun ist es nicht mehr weit bis **Maria Wörth** [Tourismusbüro Maria Wörth/Reifnitz, Seepromenade 5, A-9082 Maria Wörth, Tel. 04273-224 00, mariawoerth@woerthersee.com, www.maria-woerth.at]. Eine Rast auf der Halbinsel und ein Besuch der berühmten Kirche sind jetzt angesagt. Maria Wörth ist – so platt es klingen mag – einfach malerisch. Die auf einer Felskuppe stehende Kirchengruppe ist das Wahrzeichen dieser Gegend.

Maria Wörth, im Jahr 875 erstmals urkundlich erwähnt, war eines der ersten bedeutenden Zentren des Frühchristentums der Alpenregion. Nachdem dort der bayerische Bischof von Freising eine **Marienkirche** erbauen ließ, wurde sie zur Keimzelle der Missionierung Kärntens. Um diesen Anspruch zu bekräftigen und das Ansehen der Pfarrkirche zu erhöhen, ließ der Bischof die Reliquien der beiden Heiligen Primus und Felizian aus Rom bringen, die unter den Kaisern Diokletian und Maximianus den Märtyrertod erlitten hatten. Ihre Gebeine sind in der Krypta aufbewahrt. Im 12. Jahrhundert wurde neben der Stiftskirche eine zweite, kleinere Kirche errichtet, in der wertvolle Fresken zu sehen sind. Ein besonders schönes gotisches Schnitzwerk ist in Maria Wörth die Statue der Mutter Gottes im barocken Hochaltar.

Kleine Abkühlung oder kleiner Abstecher gefällig?

In Richtung Reifnitz geht es weiter auf der Wörthersee-Süduferstraße. Zum erfrischenden Planschen gibt es hier ein paar gute Einstiegsstellen. Am **Strandbad Maiernigg** können Sie zu einem kurzen Spaziergang aufbrechen: zum **Gustav-Mahler-Komponierhäuschen**, mitten im Wald gelegen, das Sie vom Parkplatz aus auf einem beschilderten Fußweg in rund 15 Minuten erreichen [Info: Magistrat der Landeshauptstadt Klagenfurt, Abt. Kultur, Theaterplatz 3, A-9020 Klagenfurt, Tel. 0463-537 56 32, gustav.mahler.museum@chello.at, www.gustav-mahler.at. Mai-Okt tägl. 10-18 Uhr, pro Person (ab 10 J.) € 1]. Als künstlerischer Direktor der Wiener Hofoper verbrachte Gustav Mahler die Sommermonate der Jahre 1900 bis 1907 in seiner Villa am See, von 1902 an auch mit seiner Frau und den beiden Töchtern. Oberhalb der Villa ließ er dieses Refugium erbauen, das nur aus einem einzigen Raum besteht und das er weltmännisch „study“ nannte. Hier komponierte er unter anderem den Abschluss der 4. Symphonie, die 5., 6., 7. und 8. Symphonie und den Tambourgesell aus „Des Knaben Wunderhorn“. Wie Alma Mahler überlieferte, standen in dem spartanischen Zimmer nur „ein Flügel und auf den Regalen ein vollständiger Goethe und Kant. Außerdem an Noten nur Bach.“ Mit Erinnerungsfotos und einigen Quellentexten, besonders aber mit den Klängen Mahlers gewaltiger Musik empfängt das Komponierhäuschen die Besucher heute. Zurück nach Klagenfurt sind es dann – wieder auf dem Radweg – nur noch wenige Kilometer.

Auf einer Halbinsel liegt Maria Wörth, davor Schloss Reifnitz

Tour 8: Auf den Spuren von Römern und Rittern

Klagenfurt • Maria Saal • Herzogstuhl • Magdalensberg • Hochosterwitz

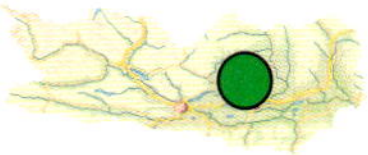

Wo: Klagenfurt und nördliche Umgebung – Wie: zu Fuß und mit dem Auto – Dauer: Tagestour – Nicht vergessen: bequeme Schuhe, Fotoapparat, Fernglas

Mit einem Altstadtspaziergang durch die Kärntner Landeshauptstadt, die wegen ihres südländischen Flairs, der restaurierten Häuser und lauschigen Innenhöfe auch „Rose am Wörthersee" genannt wird, beginnt dieser Ausflug. Er führt weiter zu wichtigen Stätten der Kärntner Geschichte: zu einer Wallfahrtskirche, zu einem politischen Symbol des Landes, in einen archäologischen Park aus der Kelten- und Römerzeit und endet auf einer Bilderbuchburg.

Um **Klagenfurt** (knapp 95.000 Einwohner; siehe auch S. 63) zu besichtigen, ist der Neue Platz ein günstiger Ausgangspunkt. Furchterregend und doch nur Wasser speiend, reißt hier der Lindwurm, das Wahrzeichen und Wappentier der Stadt, seinen Rachen auf (siehe Kasten S. 69). Die Darstellung eines eiszeitlichen Wollnashorns diente dem Bildhauer Ulrich Vogelsang vermutlich

Die Vogelperspektive zeigt Klagenfurts schachbrettartiges Straßenmuster

Der Lindwurm aus dem Wörthersee

In der Gegend zwischen Wörthersee und Drau, so erzählt man sich, da hauste einst ein grausiges Wesen. Alle, die es gewagt hatten, dieses Land zu betreten, kehrten nie wieder zurück. So versprach der Fürst dem, der das Ungetüm besiegen würde, reichen Lohn. Daraufhin banden ein paar mutige Knechte einen Stier an eine Kette mit einem großen Widerhaken, die sie an einem Turm befestigten. Bald kam ein Brausen aus dem Sumpf und ein scheußlicher, geflügelter und gepanzerter Riesenwurm erschien. Er packte den Stier und verschlang ihn. Dabei bohrte sich der Haken in den Gaumen des Ungeheuers und die Knechte konnten es erlegen. Am Ort des Kampfs entstand schließlich ein friedliches Dorf: das heutige Klagenfurt.

als Vorbild für diesen Drachen, den er im 16. Jahrhundert aus dem Schiefergestein des nahe gelegenen Kreuzbergls schuf. Später erhielt das Fabeltier noch Brunnen, Gitter und den keuleschwingenden Herkules, seinen legendären Bezwinger, dazu.

Anmutiger wirkt das Denkmal Kaiserin Maria Theresias gegenüber. Rundum lassen Häuser aus dem 16. Jahrhundert bis zur Biedermeierzeit den Neuen Platz heimelig wirken. Das Rathaus, einst Renaissancealais der Grafen Rosenberg, schließt an der Westseite den Platz ab [Klagenfurt Tourismus, Rathaus, Neuer Platz 1, A-9010 Klagenfurt, Tel. 0463-537 22 23, tourismus@klagenfurt.at, www.klagenfurt-tourismus.at].

Straßen im Schachbrettmuster

Das schachbrettartige Straßenmuster der Klagenfurter Altstadt, 1534 nach Plänen des italienischen Baumeisters Domenico de Lalio entstanden, macht die Orientierung einfach. Die **Kramergasse**,

Die Sage vom Wörthersee-Mandl

Es war einmal eine große, prächtige Stadt. Doch ihre Bewohner waren durch Reichtum übermütig geworden. Sie vergaßen Gott, Sitte und Anstand. Am Vorabend des Osterfests feierten sie mit Tanz und Gelage. Da betrat ein hageres Männlein den Festsaal, ermahnte die Menschen und drohte mit Strafe. Alle lachten das Männlein aus. Als niemand auf seine warnenden Worte hörte, öffnete das Männlein den Spund des Fässchens, das es mit sich trug. Ein furchtbares Gewitter entlud sich, und endlose Fluten aus dem Fass vernichteten die Stadt, bis alles vom Wasser des heutigen Wörthersees bedeckt war. Noch heute sollen die Glocken der versunkenen Stadt zur Geisterstunde zu hören sein.

Gemütlich, urig und sehr gesellig

Eine Institution ist der ***Benediktinermarkt,*** *südwestlich des Neuen Platzes (Mo-Sa 6-13 Uhr): In quirliger oder gemütlicher Atmosphäre rund um die Marktstände und kleinen Kneipen gibt's G'selchtes (Rauchfleisch) und Ritschert (Eintopf), Kräuter, Grillhendl, Speck und Schnaps, Fisch aus Udine und Cremekuchen aus Slowenien. Hier begegnen sich verschiedene Kulturen, hier treffen sich alle sozialen Schichten. Genauso wie „Beim „Pumpe", dem originalen, urigen Wirtshaus an der Ecke, das eigentlich* ***Gasthaus zum Großglockner*** *heißt. Richtig rustikal lässt man sich Gulaschsuppe und Rindsgulasch in rund ein Dutzend Varianten (schön scharf!) mit einem Bier schmecken. Lidmanskygasse 2, A-9020 Klagenfurt, Tel. 0463-571 96, gasthof.pumpe@chello.at, www.lokaltipp.at. Mo-Fr 8.30-23, Sa 8.30-14.30 Uhr, So geschl.*

heute beliebte Shoppingmeile, war 1961 Österreichs erste Fußgängerzone. Sie führt vorbei an Barock- und Jugendstilfassaden und einem kleinen Brunnen mit einer Statue, dem Wörthersee-Mandl (siehe Kasten S. 69). Auf dem Platz dahinter erhebt sich das Standbild Herzog Bernhards von Spanheim, der die früher von Überschwemmungen bedrohte Furtsiedlung im 13. Jahrhundert ins Trockene verlegte. Auf diese erste Siedlung an der Glan geht vermutlich der Name Klagenfurts („Furt der Klagen") zurück, denn viele Bewohner, die den Fluss ohne Brücke durchqueren wollten, ertranken in den Fluten.

Das Geschenk Kaiser Maximilians

Schlendern Sie ein paar Schritte weiter, und Sie erreichen den **Alten Platz.** In seiner Mitte ragt die Dreifaltigkeitssäule empor. Besonders das Alte Rathaus und das Haus „Zur Goldenen Gans" aus dem 15. Jahrhundert werden Ihnen gleich auffallen. Am Westende des Alten Platzes gelangen Sie zu einem wuchtigen, zweitürmigen Renaissancebau, dem **Landhaus**, in dem das Kärntner Landesparlament tagt. Im Wappensaal, dessen Wände im 18. Jahrhundert mit

Saures Rindfleisch und Rösterdäpfel

Fein speisen lässt sich im ***Gasthaus im Landhaushof*** *– im Gewölbe und im Sommer auch im Schanigarten auf dem Platz davor. Vor allem österreichische Küche wird hier serviert wie Tafelspitzsülze, Spiegelei mit Spinat und Rösterdäpfel (Bratkartoffeln) oder hauchdünn geschnittenes, gekochtes Rindfleisch, sauer zubereitet. Landhaushof 1, A-9020 Klagenfurt, Tel. 0463-50 23 63, haas@gut-essen-trinken.at, www.gasthaus-im-landhaushof.at.*

665 Wappen der Landstände geschmückt wurden, zeigen barocke Fresken historische Szenen wie das Überreichen der Schenkungsurkunde Maximilians I. an die Stände [Ursulinengasse 2, A-9020 Klagenfurt, Tel. 0463-57 75 72 15. April-Okt tägl. 9-17 Uhr, Erw. € 3, Kinder € 2].

Löwen- oder Affenköpfe?

Wenn Sie über den Alten Platz zurückschlendern, vorbei an Cafés, Geschäften und gemütlichen Innenhöfen, erreichen Sie die **Wiener Gasse**, in der abermals Häuserfassaden mit prächtigen Dekors Ihre Aufmerksamkeit auf sich ziehen. Ein Beispiel dafür ist das Haus mit den Löwenköpfen. Oder sehen sie eher aus wie Affenköpfe? Was meinen Ihre Kinder dazu? Links biegen Sie nun ab zur **Stadtpfarrkirche St. Egid.** Auf deren fast 92 Meter hohen Turm führen mehr als 200 Stufen. Wenn Sie Lust haben, steigen Sie hinauf. Denn oben haben Sie einen weiten Blick über die Stadt, in südlicher Richtung bis zum Dom und die Karawanken dahinter [Pfarrhofgasse 4, A-9020 Klagenfurt, Tel. 0463-51 13 08, stegid@kath-pfarre-kaernten.at, www.st-egid-klagenfurt.at. April-Mitte Okt Mo-Fr 10-17.30, Sa 10-12.30 Uhr, Erw. € 1, Kinder € 0,50].

Für weitere Erkundungen bieten sich je nach Lust und Laune mehrere Museen an – entscheiden Sie sich für eins oder planen Sie besser einen Extratag nur für Museumsbesuche ein. Südlich der Altstadt liegt zum Beispiel das **Koschat-Museum**, das mit Partituren, Briefen und Erinnerungsstücken des Kärntner Liederkomponisten Thomas Koschat (1845-1914) gedenkt [Viktringer Ring 17, A-9020 Klagenfurt, Tel. 0676-770 19 41,

Neben Wappen schmücken auch Fresken den Wappensaal im Landhaus

19. Mai-10.Okt, Di-Do 10-12 Uhr u. nach Vereinbarung, Spende erbeten]. Schräg gegenüber widmet sich das **Kärntner Landesmuseum Rudolfinum** umfassend der Kultur- und Naturgeschichte des Landes [Museumsgasse 2, A-9021 Klagenfurt, Tel. 05 05 36-305 52, info@landesmuseum-ktn.at, www.landesmuseum-ktn.at. Di-Fr 10-18, Do 10-20, Sa/So 10-17 Uhr, Erw. € 7, Jugendliche € 5].

In der Nähe des Hauptbahnhofs zeigt das **Robert-Musil-Museum** Kleinode der Literaturgeschichte: Kernstück darin ist der persönliche Nachlass Robert Musils (1880-1942). Die Ausstellung zeichnet

Die älteste urkundlich erwähnte Kirche Kärntens ist Maria Saal

die Lebensreise des Schriftstellers nach und widmet sich auch dem Werk Ingeborg Bachmanns (1926-1973) und Christine Lavants (1915-1973) [Bahnhofstr. 50, A-9020 Klagenfurt, Tel. 0463-50 14 29, klagenfurt@musilmuseum.at, www.musilmuseum.at. Mo-Fr 10-17, Sa 10-14 Uhr, Eintritt frei].

(Kunst-)Geschichte und Bauernleben zum Anfassen

Jetzt aber zurück zu unserer Tour: Fahren Sie nördlich Klagenfurts in Richtung St. Veit an der Glan, und zweigen Sie bald hinter dem Stadtrand rechts ab nach Maria Saal. Da ragen auch schon die Türme der Wallfahrts- und Propsteikirche empor. **Maria Saal** ist sicher die älteste urkundlich erwähnte Kirche Kärntens, denn bereits 767 ließ Bischof Modestus an dieser Stelle eine Marienkirche errichten. Die heutige dreischiffige Staffelkirche ist im spätgotischen Stil erbaut. Der Hochaltar, monumentale Schnitzfiguren und die prächtige Kanzel sind hingegen Beispiele barocker Ausstattung. Aus der Zeit um 1490 stammen die Fresken am Gewölbe des Mittelschiffs: Schauen Sie einmal hinauf, dann sehen Sie, wie aus Blütenkelchen der Stammbaum Christi wächst. Jede Blume, jedes Gesicht, jede Kleidung ist anders gestaltet. Ein ungewöhnlicher Blickfang ist die südliche Außenmauer der Kirche: eine Schauwand mit römerzeitlichen Reliefsteinen und christlichen Wappen- und Grabsteinen. Finden Sie und Ihre Kinder darunter auch die „Postkutsche", ein römisches Grabbaurelief, das die Fahrt eines Verstorbenen ins Jenseits darstellt? Eine willkommene Abwechslung für die jüngeren Familienmitglieder ist das nächste Ziel: das **Freilichtmuseum Maria Saal**, das das Kärntner Bauernleben lebendig werden lässt. Für den Rundgang durch Rauchküchen, Hausschmieden, Schlafkammern und Mühlen benötigen Sie etwa eine Stunde [Domplatz 3, A-9063 Maria Saal, Tel. 04223-28 12, freilichtmuseum-mariasaal@aon.at, www.freilichtmuseum-mariasaal.at. Mai-Mitte Okt tägl. 10-18 Uhr, Erw. € 6, Kinder € 3, Fam. € 15].

Ein Nationalsymbol Kärntens, der **Herzogstuhl** (siehe S. 117), steht nur einen Kilometer nördlich von Maria Saal neben der Landstraße. Nun fahren Sie ein Stückchen weiter nach Norden und folgen nach ein paar Kilometern rechts der Abzweigung nach **Magdalensberg.** Die Bergstraße führt durch ländliche Abgeschiedenheit, die nicht ahnen lässt, dass hier bereits vor sehr langer Zeit das Leben pulsierte. Diese ehemals rund 2,5 Quadratkilometer große Siedlung aus spätkeltischer-frührömischer Zeit, die Sie jetzt erreicht haben, ist eine der größten Ausgrabungsstätten Österreichs. Das **Freilichtmuseum** bietet einen Einblick in eine versunkene Welt. Sie können durch Tempel und Prätorium, Wohn- und Werkstätten spazieren und erahnen, wie wichtig diese Händlerniederlassung im 1. Jahrhundert v. Chr. war. Fundstücke des Parks sind Gefäße aus Glas, Keramik und Bronze, Schmuck und Skulpturen, die im Original zu sehen sind. Die wertvollsten Schätze sind jedoch Kopien: Fresken aus dem Jahr 20 v. Chr. und die lebensgroße römische Bronzefigur des „Jünglings vom Magdalensberg" [Archäologischer Park Magdalensberg, A- 9064 Pischeldorf, Tel. 04224-22 55, magdalensberg@landesmuseum-ktn.at, www.landesmuseum-ktn.at. Mai-Mitte Okt 9-18 Uhr, Erw. € 5, Kinder (ab 6 J.) € 3, Fam. € 11,50].

Mühelose Burgeroberung

Der krönende Abschluss dieser Tour steht bevor. Zurück zur Abzweigung bei Willersdorf fahren Sie auf der Landstraße weiter Richtung Norden und biegen in St. Donat rechts ab. Kurz hinter dem Ortsende taucht auf einem 150 Meter hohen Felskegel **Burg Hochosterwitz** auf. Vor Ihnen steht eine eindrucksvolle Burganlage, die 860 als „Astarvizza" erstmals urkundlich erwähnt wurde. Seit dem 16. Jahrhundert ist Burg Hochosterwitz im Besitz der Familie Khevenhüller (siehe auch S. 49). Da man insgesamt 14 Tore – ein Unikum des Burgenbaus – passieren muss, um in den eigentlichen Festungsbereich zu gelangen, wurde die Burg nie erobert. Heutigen Besuchern gelingt die „Erstürmung" dagegen mühelos – denn die meisten von ihnen gleiten schnell, bequem und mit einem leichten Bauchkribbeln in der Liftgondel an der steilen Felswand hinauf. Oben können Sie im Burgmuseum mittelalterliche Waffen, Rüstungen und Gemälde anschauen, gemütlich im Biergarten des Innenhoflokals sitzen und von den Burgmauern aus den Blick über Berge, Hügel und Täler des Kärntner Lands schweifen lassen [A-9314 Launsdorf, Tel. 04213-20 10, info@burg-hochosterwitz.at, www.burg-hochosterwitz.at. März/April/Okt tägl. 9-17, Mai-Sep 9-18 Uhr. Erw. mit Lift € 12,50, Kinder (6-15 J.) € 9,50, Fam. € 18 u. Lift pro Person € 5].

Niemals gelang es Feinden, Burg Hochosterwitz einzunehmen

Tour 9: Im Tal der Bienen und Wasserfälle

Ferlach/Tscheppaschlucht • Kirschentheuer • Bad Eisenkappel

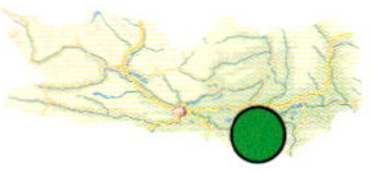

Wo: im Rosental und in Südkärnten – Wie: mit Auto, Pendelbus und zu Fuß – Dauer: Tagestour – Nicht vergessen: Wanderausrüstung, warme Kleidung, unbedingt festes Schuhwerk, etwas Proviant, Foto- oder Filmkamera

Eine Tour voller Überraschungen steht bevor. Besonders Kinder über sechs Jahren werden Spaß beim Wandern durch eine sagenumwobene Schlucht haben. Es gilt jedoch, Kondition und Motivation der ganzen Familie abzuwägen, denn der Weg führt über Leitern und Steige, die schon eine Herausforderung sind: Sie verlangen Trittfestigkeit und etwas Mut. Weit weniger gewagt geht es später in der Welt der Bienen zu. Zu guter Letzt erwarten die Ausflügler Tropfsteinhöhlen, für die sie sich warm anziehen sollten [Tourismusverband Carnica-Region Rosental, Sponheimer Platz 1, A-9170 Ferlach, Tel. 04227-51 19, info@carnica-rosental.at, www.carnica-rosental.at].

Blick übers Rosental, durch das diese Tour führt

Mystisch, kultischer Ort

Hemmaberg, *einer der ältesten Wallfahrtsorte Europas, zählt zu den heiligen Bergen. Schon früh siedelten hier die Kelten, die dem Gott Jouenat einen Tempel bauten. Dann gründeten die Römer die Stadt Juenna (heute Globasnitz), von der das Jauntal seinen Namen hat. Später entstand ein frühchristliches Pilgerzentrum an diesem Kultort. Auf dessen mystische Vergangenheit blickt das 2006 eröffnete* ***Archäologische Pilgermuseum Hemmaberg-Juenna*** *zurück. Meisterhaft: Vogelmosaike, die als Symbole fürs Paradies zu vertsehen sind. A-9142 Globasnitz 13, Tel. 04230-200 46, nicole.butej@ktn.gde.at, www.museum-globasnitz.at. Mai-15.Okt Di-Fr 10-12 u. 14-17, Sa/So 10-12 u. 13-17 Uhr, Erw. € 4, Kinder u. Jugendliche (bis 18 J.) € 2,50.*

Im Land der Wichtelmänner und Geister

Die **Tscheppaschlucht** [Ferlach, A-9163 Unterloibl, Tel. 04227-33 04, ferlach@kdn.gde.at, www.ferlach.at. Anfang Mai-Ende Okt tägl. 8.30 Uhr bis Sonnenuntergang, Eintritt inkl. Bus-Rücktransport zum Parkplatz Erw. € 6,50, Kinder (bis 15 J.) € 3,50, Parkplatz € 2] ist eine Kluft, die während Jahrmillionen mit urgewaltiger Kraft das stürzende Wasser des Loiblbachs in die steilen Felsen des Loibltals gegraben hat. Der Name Tscheppa wird von einem Bergkegel oberhalb der Schlucht abgeleitet. Den Sagen nach hausen hier Wichtelmänner und Geistergestalten. Es braucht nicht viel Fantasie, um sich ihre Behausungen in den zerklüfteten, höhlenartigen Felswänden vorzustellen. In dieser Szenerie, umhüllt vom Dunst des tosenden Wassers, sind auch südostalpine Pflanzen zu entdecken, wie Wulfen-Primel, Silberwurz, Krainerlilie oder Hopfenbuche und sogar einige Arten, die die Eiszeit überdauert haben.

Trittsicherheit ist unabdingbar beim Canyoning in der Tscheppaschlucht

Das Naturdenkmal mit seinen stürzenden Bächen ist mit festen Stegen und Leitern abgesichert und kann gefahrlos durchwandert werden. Die eigentliche Schlucht ist 1,2 Kilometer lang und wartet mit Naturschauspielen wie dem 26 Meter hohen Tschaukofall und dem Felsentor auf. Für Gehbehinderte und Kleinkinder sowie Hunde ist die Tour nicht geeignet. Kinder sollten nicht aus den Augen gelassen werden.

Rast auf den Spuren Karls VI.

Die Tour beginnt – von Ferlach kommend – kurz hinter der Ortschaft Unterloibl an der B 91 beim Parkplatz. Entlang einem Waldweg erreichen Sie in rund 20 Minuten das Goldene Brünnl. Dort finden Sie die Kasse und eine „Jausnstation". Nun kann es losgehen: Je nach Wanderroute dauert die Tour zwei bis drei Stunden. Nach etwa einer Stunde kommen Sie an eine Weggabelung, an der ermüdete Wanderer den ca. 30-minütigen Weg zum **Gasthof Deutscher Peter** [Loiblpass 4, A-9163 Unterbergen/Ros., Tel. 04227-622 00, gasthof@deutscher-peter.at, www.deutscher-peter.at] einschlagen können. In diesem Wirtshaus soll schon Kaiser Karl VI. zu Beginn des 18. Jahrhunderts vor einer Loiblpassüberquerung Rast gemacht haben. Von dort bringt Sie der Bus zurück zum Parkplatz. Wer weiterwandert, folgt an der oben genannten Weggabelung rechts dem Weg zur Teufelsbrücke und zum Tschaukofall, an dem mehr als 500 Liter Wasser pro Sekunde in die Tiefe stürzen. Von dort aus wandern Sie in rund 45 Minuten durch das Felsentor entlang dem Bodenbach nach Windisch Bleiberg oder in einer Stunde ins Bodental. An beiden Endpunkten sind Gasthäuser, in denen Sie sich stärken können, bis Sie der Bus zum Ausgangspunkt zurückfährt.

Langstreckenflieger

Vielleicht haben Sie jetzt Lust auf einen Abstecher in eine ganz andere Welt: Im **Carnica-Bienenmuseum** in **Kirschentheuer**, fünf Kilometer westlich von Ferlach, dreht sich alles um Bienen [Kirschentheuer 6, A-9162 Strau, Tel. 04227-23 28, bienenmuseum@aon.at, www.bienenmuseum.net. Mai/Juni/Sep Sa/So 13-18, Juli/Aug Di-So 13-18 Uhr, Erw. € 5 Kinder (ab 6 J.) € 3]. Lebende Bienen und historische Bienenstöcke, Bienenkörbe, Imkerwerkzeuge, Honig- und Futtergefäße aus früherer Zeit sind hier zu bewundern. Während eines Spaziergangs auf dem Bienenwanderweg sehen Sie immer wieder Bienenstände aus der Region. Wussten Sie, dass eine

Mit den Augen eines Malers

Landschaften, geduckte Bauerndörfer, Menschen auf Feldern und Höfen haben den Künstler Werner Berg (1904-1981) zu expressionistischen Ölbildern, Holzschnitten, Zeichnungen, Aquarellen und Skizzen inspiriert. Einen Einblick ins Werk gibt das ***Werner Berg Museum,*** *10.-Oktober-Platz 4, A-9150 Bleiburg, Tel. 04235-21 10 27, bleiberg.museum@ktn.gde.at, www.wernerberg.museum. Mai-Okt Di-So 10-18 Uhr, Erw. € 7, Kinder (6-16 J.) € 3.*

Bizarre Wunderwelt tief im Inneren der Erde: eine der Obir-Tropfsteinhöhlen

Honigbiene für ein Kilogramm Honig 150.000 Ausflüge zu etwa 20 Millionen Blüten machen muss und es dabei auf rund 20.000 Flugkilometer bringt? Die Haus- und Wanderbienenzucht hat eine lange Tradition im Rosental, ihre Spuren reichen in die ersten Jahrhunderte nach Christus zurück. Möglich gemacht hat das die Rasse der Carnica- oder Kärntnerbiene. Auch die Flora Südkärntens mit Frühjahrserika sowie Wiesen- und Waldgebieten begünstigte die Bienenzucht. Vor dem Ersten Weltkrieg kamen Lebzelter, Wachszieher und Händler aus Triest, Salzburg und Wien und kauften Produkte aus dem Rosental, womit die Hochblüte der Bienenzucht begann. Genug vom Leben der fleißigen Tiere erfahren? Dann können Sie noch ein Glas Honig erstehen und sich wieder auf den Weg machen.

Acht Grad Celsius im Hochsommer

Zur nächsten Etappe dieser Tour geht es Richtung Osten auf der B 85, bis Sie rechts nach **Bad Eisenkappel** abzweigen. Hier wartet ein Naturwunder auf Sie: die Welt der **Obir-Tropfsteinhöhlen** [Info- u. Kartenbüro, Hauptplatz 7, A-9135 Bad Eisenkappel, Tel. 04238-82 39 13, obir@hoehlen.at, www.hoehlen.at. April-Mitte

Okt tägl. 9.30-15.30 Uhr, um tel. Reservierung wird gebeten, Eintritt inkl. Bustransfer und obligat. Führung Erw. € 20, Kinder (4-15 J.) € 11, Fam. € 48,50].
Von Bad Eisenkappel aus werden Sie mit Bussen zum Betriebsgebäude der Tropfsteinhöhlen gebracht, die sich in zirka 1.000 Metern Seehöhe auf der Nordseite des Hochobir erstrecken. Für den Ausflug sollten Sie sich ca. drei Stunden Zeit nehmen. Obwohl Sie mit Mantel und Helm ausgestattet werden, ist warme Kleidung empfehlenswert, da die Temperatur im Berginneren nur acht Grad Celsius beträgt. Kinder unter vier Jahren können die Schauhöhle aus Sicherheitsgründen leider nicht besuchen.
Der erdgeschichtliche Aufbau des Gebiets ist so einzigartig, dass er immer wieder Forscher und naturwissenschaftlich interessierte Besucher anzieht. Gleich acht verschiedene Gesteinszonen findet man hier: zum Beispiel Triaskalke, Grünschieferzonen, Karawankengranit, Altkristallin und Tonalitgneis. Die Tropfsteinhöhlen liegen in einer Zone von 200 Millionen Jahre alten Meeresablagerungen, dem sogenannten Wettersteinkalk. Er wurde bei der alpinen Gebirgsbildung vor rund 60 Millionen Jahren aufgefaltet. Bleibergbau wurde in dieser Region dann im 12. sowie vom 16. bis zum 18. Jahrhundert betrieben. Entdeckt hat man die Höhlen, die selbst keinen natürlichen Zugang haben, 1870 beim Vortrieb eines Stollens.

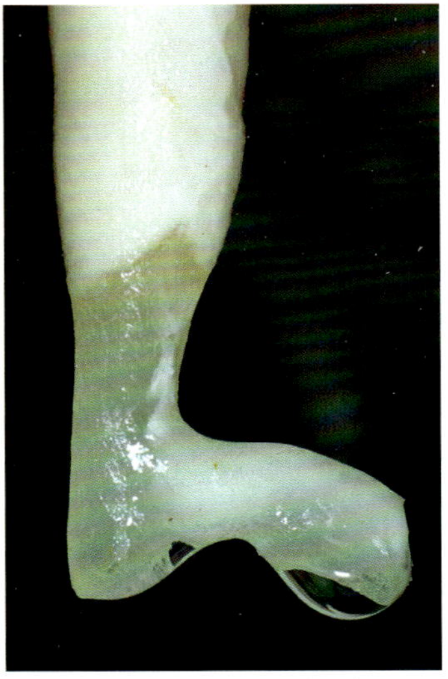

Ein Kunstwerk aus zig Milliarden Tropfen: der Stalaktit

Steter Tropfen formt den Stein

Wie sind die ständig tropfenden Stalaktiten (sie hängen von oben hinab) und die stets angefeuchteten Stalagmiten (sie wachsen vom Boden aufwärts) entstanden? Für all jene, die es genau wissen wollen: Regenwasser bildet Kohlensäure. Sie sättigt sich beim Weg durch den Kalkstein mit Kalziumbikarbonat und fließt durch haarkleine Risse in die Höhle. Durch die Berührung mit der Luft wird Kohlendioxid freigesetzt. Es bilden sich winzige Kalzitkristalle, die an der Decke haften bleiben. Beim Aufprall des Tropfens auf den Boden wird erneut Kohlendioxid freigesetzt und Kalziumkarbonat abgelagert. Dieser Vorgang wiederholt sich abermilliardenfach. Im Schnitt wachsen die Tropfsteine in der Windhöhle auf diese Weise um 0,8 Millimeter in zehn Jahren. Faszinierend ist das allemal: Ein See und Beleuchtungseffekte mit akustischer Untermalung steigern das Erlebnis noch zusätzlich.

Tour 10: Kunstschätze in paradiesischer Landschaft

Wolfsberg • St. Andrä • St. Paul

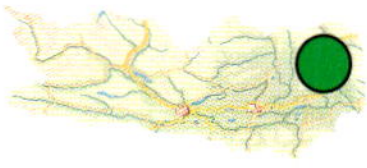

Wo: im Lavanttal – Wie: mit dem Auto und zu Fuß – Dauer: Tagestour – Nicht vergessen: bequeme Schuhe, Rucksack mit Getränk und etwas Verpflegung

Im weiten Tal zwischen Koralpe und Saualpe angrenzend an die Steiermark gedeihen im milden Klima Obst und Weintrauben, laden Wanderwege zum Naturgenuss ein. Auf dieser Tour erleben Sie ein spleeniges Schloss, eine Kirche mit einer Schwarzen Madonna und die herausragenden Kunstschätze eines Benediktinerstifts mit großer historischer Bedeutung [Regionalmanagement Lavanttal, Minoritenplatz 1, A-9400 Wolfsberg, Tel. 04352-28 78, info@rmlav.at, www.rmlav.at].

Tradition und Touchscreen

Ein Heimatmuseum nach modernstem Konzept ist das 2009 eröffnete ***Museum im Lavanthaus*** *in Wolfsberg. Es gibt einen Überblick über die Region, ihre Kulturgeschichte, Natur und Menschen. Der Bogen spannt sich von Funden aus der Urzeit über handwerkliche und landwirtschaftliche Geräte bis zum Digitalzeitalter. Dank Touchscreens kann man auswählen, was man sehen oder hören möchte. So lauscht der Besucher an der Literaturstation zum Beispiel der Lyrikerin Christine Lavant. St. Michaeler Str. 2, A-9400 Wolfsberg, Tel. 04352-53 73 33, museum@wolfsberg.at, www.lavanthaus.at. 18. April-Okt Di-So 10-17, Nov-17. April Di-Do 10-16, Fr 10-13 Uhr, Erw. € 5, Kinder (6-14 J.) € 2, Fam. € 10.*

Burg in englischem Gewand

Wolfsberg im oberen Lavanttal als Ausgangspunkt der Tour erreichen Sie schnell über die Autobahn oder gemütlich auf der B 70. Das Stadtbild wird beherrscht vom auf einer Anhöhe gelegenen **Schloss Wolfsberg**, das gar nicht landestypisch aussieht [A-9400 Wolfsberg, Tel. 04352-23 65 22, events@kmi.at, www.schloss-wolfsberg.at. Geöffnet nur während Ausstellungen, Termine im Internet. Schloss-Café mit Aussichtsterrasse ganzjährig geöffnet, Tel. 04352-361 00, stoelzl@schloss-wolfsberg.info]. Die einstige Burg, im 12. Jahrhundert errichtet, blieb bis 1759 im Besitz des Bistums Bamberg. Zur Festung wurde die Anlage im 16. Jahrhundert ausgebaut. Ihre heutige Fassade im neugotischen, englischen Tudorstil erhielt sie erst im 19. Jahrhundert. Wie kam es dazu? Überliefert ist folgende Geschichte: Als Graf Hugo I. Henckel von Donnersmarck und seine Gemahlin Laura 1846 auf der Fahrt durch das Lavanttal Schloss Wolfsberg entdeckten, gefiel es der Gräfin so gut, dass es ihr Graf Hugo zum Geburtstag schenkte. Nur, die neue Schlossherrin war Deutsche, eine Geborene von Hardenberg – warum der britische Touch des Hauses? Der ist wohl eher auf die vielen Geschäftsreisen des Grafen nach England zurückzuführen, während derer er auf den dort damals üblichen architektonischen Geschmack gebracht wurde.

Heute ist das Schloss im Besitz der Kärntner Montanindustrie mit der Familie Henckel von Donnersmarck als Gesellschafter. Zu Füßen des Schlosses wirkt auch die Altstadt Wolfsbergs

Die Kirche des hl. Andreas fungierte als Namensgeber für St. Andrä

aus kopfsteingepflasterten Sträßchen, kleinen Geschäften, Cafés und Innenhöfen wie ein englisches Städtchen. Auf Spazierwegen durch den Schlosspark werden Sie sich vermutlich wie in einem englischen Garten fühlen.

Die Madonna, die Augenleiden lindert

Nun geht's weiter zu Ihrem nächsten Ausflugsziel. Acht Kilometer südlich von Wolfsberg prägt eine mächtige gotische Stadtpfarrkirche das Ortsbild von **St. Andrä** [Tourismusamt, A-9433 St. Andrä, Tel. 04358-27 10 20, ingrid.weinlaender@st-andrae.at, www.st-andrae.at]. Im 10. Jahrhundert wurde eine Kirche zum hl. Andreas urkundlich erwähnt, und so erhielt die Siedlung ihren Namen. Rund 200 Jahre später entstand dann hier das Bistum Lavant.

In der dreischiffigen **Basilika** fallen Kreuzrippengewölbe im Mittelschiff und Kreuzgratgewölbe in den Seitenschiffen auf. Malereien aus dem 15. und 16. Jahrhundert sind noch im Raum neben dem Westturm und in der Kapelle erhalten.

Eine zweite Kirche, die **Wallfahrtskirche Maria Loreto** am nördlichen Ortsausgang, macht deutlich, wie groß die religiöse Bedeutung dieses Bischofssitzes einmal war. In Maria Loreto, einem Barockbau mit Zwiebeltürmen, befindet sich ein Gnadenbild der Schwarzen Madonna. Nehmen Sie sich ruhig etwas Zeit, um das aus Ebenholz geschnitzte, zarte Gesicht der Muttergottes auf sich wirken zu lassen.

Ora et labora et lege

Auch Ihre nächste Touretappe hat ein geistliches Ziel. Inmitten der welligen

Im Kloster St. Paul beten, arbeiten und studieren heute noch Benediktinermönche

Landschaft des unteren Lavanttals erhebt sich einige Kilometer südlich eine Kirchenburg: Sie wird auch „Abtei im Paradies" genannt und gilt wegen ihrer reichhaltigen Kunstsammlungen und historischen Bedeutung als „Schatzhaus Kärntens". Tatsächlich ist das **Benediktinerstift St. Paul**, das noch heute eine lebende Abtei ist, die der Ordensregel mit Gebet, Arbeit und Lektüre (ora et labora et lege) folgt, eines der großen geistigen Zentren des Bundeslands [Hauptstr. 1, A-9470 St. Paul, Tel. 04357-201 90, ausstellung@stift-stpaul.at, www.stift-stpaul.at. Mai-Okt Di-So 9-17 Uhr, Erw. € 10,50, Kinder (bis 16 J.) € 5]. Heute laden das **Museum** und die **Basilika** sowie Ausstellungen, Konzerte und Workshops zahlreiche Besucher ein.

Das Geheimnis der Schätze

Damit der Rundgang durch das Gebäude auch für Ihren Nachwuchs nicht langweilig wird, hat man ein Heft konzipiert, mit dem kleine und größere Stiftsdetektive dem „Geheimnis des verlorenen Schatzes" auf die Spur kommen. Dabei erfahren sie ganz nebenbei Wissenswertes über das Stift: Als die Gräfin Richardis, einst Besitzerin dieser mittelalterlichen Burg, Graf Siegfried von Spanheim heiratete, wurde der Grundstein für die Herrschaft der Spanheimer in Kärnten gelegt. Ihr Enkel Engelbert II. warb Mönche aus Hirsau im Schwarzwald für seine Klostergründung an. So begannen im Jahr 1091 ein Abt und zwölf Mönche in St. Paul ein Leben nach den Regeln des hl. Benedikt von Nursia.

Nach der Aufhebung des Klosters 1787 wurde es 1809 wieder besiedelt, ebenfalls von Benediktinermönchen aus dem Schwarzwald, die diesmal aus St. Blasien kamen. Diese Mönche brachten eine ganze Reihe von wertvollen Kunstgegenständen, Handschriften und Gemälden in die neue Heimat mit. Diese Schätze machen – neben riesigen Ländereien –

heute noch einen Großteil des klösterlichen Reichtums aus.

Rubens, Rembrandt & Co.

Das Stift beherbergt einen bedeutenden Kunstschatz aus dem Mittelalter – das Adelheidkreuz der Königin Adelheid von Ungarn aus dem 11. Jahrhundert. Schauen Sie es sich einmal genau an: An seiner Vorderseite ist es mit 147 Edel- und Halbedelsteinen, Perlen, antiken Gemmen und drei Skarabäen (ägyptischen Mistkäfern als Glücksbringer) besetzt. Auch zahlreiche Radierungen und Gemälde von Peter Paul Rubens, Rembrandt, Albrecht Dürer, Brueghel, van Dyck, Tiepolo und Leonardo da Vinci sind im **Stiftsmuseum** zu sehen.
Ein Höhepunkt der Sammlungen ist die **Bibliothek.** Darin sehen Sie wie durch ein astronomisches Fernrohr den nördlichen und südlichen Sternenhimmel als Deckengemälde. In dunklen Holzregalen sind rund 70.000 Bücher untergebracht, weitere, neu gestaltete Bibliotheksräume beherbergen noch etwa 100.000 Werke und 4.500 Handschriften vom 5. bis zum 18. Jahrhundert.

Wer findet den Drachen?

Auf Schritt und Tritt können Sie übrigens Symbole erkennen, mit denen die romanische Stiftskirche geschmückt ist. Begeben Sie sich mit Ihren Kindern auf Entdeckungsreise, und suchen Sie gemeinsam Drachen, Schlangen, Greifvögel, Löwen, einen Widder mit Jungen und finster blickende Kobolde, die das Böse abhalten sollen. Im hellen Innenraum malten so bedeutende Künstler wie Friedrich und Michael Pacher ihre Fresken.

Die Sage von der Entstehung des Lavanttals

In grauer Vorzeit breitete sich im Lavanttal ein weiter See aus und im Berg der Koralpe hausten geschäftige Zwerge. Sie, so glaubten die Bauern, holten Gold und andere Schätze aus dem Berg. Deshalb fingen die Bauern, um an die Reichtümer zu gelangen, ein Bergmännlein ein. 30 Jahre lang hielten sie es gefangen, obwohl es immer wieder versicherte, keine Schätze zu besitzen. Erst als der Zwerg anbot, sich durch eine andere gute Tat dankbar zu erweisen, ließen sie ihn laufen. Kurz darauf vernahmen die Bauern ein heftiges Grollen: Der See lief aus, bis er schließlich völlig verschwunden war.

Im Querhaus entstanden im 14. Jahrhundert die Reliefs des Spanheimergrabes. Eine Kostbarkeit der Freskenmalerei sollten Sie sich hier nicht entgehen lassen: das Stifterfresko von Thomas von Villach an der Nordwand neben dem Sakristeiportal. Darauf sind mehrere Wappen, unter anderem mit Löwen, zu erkennen; kniend links der Abt, der das Gemälde in Auftrag gab, und rechts das Stifterehepaar, beschützt von der hl. Katharina und dem hl. Benedikt. Meister Thomas war aber nicht nur ein ernsthafter Künstler: Sein Selbstporträt hat er nämlich in einer Zierleiste versteckt, und von dort schmunzelt er Ihnen entgegen. Haben Sie sein Bild gefunden?

DIE TOLLSTEN ATTRAKTIONEN FÜR KINDER

Bios-Nationalparkzentrum Mallnitz

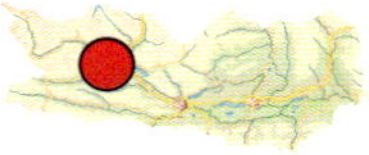

Hat der Wasserfloh ein Herz? Gibt es flache Seifenblasen? Warum kann der Mensch nicht fliegen? Wie riecht ein Murmeltier? Die verblüffende Mannigfaltigkeit von Lebewesen mit allen Sinnen zu erfassen – das begeistert Kinder, Jugendliche und Erwachsene im Bios-Nationalparkzentrum in Mallnitz. Der spiralförmige Anbau neben der denkmalgeschützten Villa Liebermann ist eine interaktive Inszenierung der vier Elemente Feuer, Wasser, Luft und Erde. Hier riechen, hören, fühlen und sehen Sie Leben auf neuartige Weise. Unter dem Mikroskop tauchen Flechten, Moose und Algen als unbekannte Welten auf, eine zarte Vogelfeder wird zum Kunstwerk, oder die Ringe des Regenwurms geben Rätsel auf. Im Wasser tummeln sich kleine, bizarre Lebewesen mit Saugnäpfen wie Kreaturen aus einem Science-Fiction-Film. Der Flug des Vogels und Insekts lässt sich im Zeitlupentempo abspulen. Wolken ziehen über Sie hinweg, der Wind pfeift, Blitze jagen durch den Nachthimmel und Donner grollen. Ein Geier- und ein Menschenskelett schweben im Raum. Stimmungsvoll strahlen die Farben der Sonne von der Morgenröte über das Mittagslicht bis zur Dämmerung.

Im Sensorium und Laboratorium wird jeder Besucher zum Forscher und Entdecker, beobachtet, experimentiert,

Antworten auf viele Fragen finden Eltern und Kinder im Bios-Nationalparkzentrum

> **Beeindruckende Natur**
> *Der **Nationalpark Hohe Tauern** erstreckt sich über Kärnten, Salzburg und Tirol. Er wurde im Jahr 1981 als erster Nationalpark Österreichs eingerichtet und ist mit rund 200 Quadratkilometern Fläche eines der größten zusammenhängenden Naturschutzgebiete Mitteleuropas. Zahlreiche Gletscher, Seen und Dreitausender machen den Reiz dieser Landschaft aus.*

taucht ein in eine Atmosphäre des Staunens: am Wasserweg, an Gebläsestationen, einer Strömungswanne, einem winderzeugenden Tretrad, an der Wolkenwirbelstation oder dem Schlauchtelefon. Besonders beliebt bei den jungen Besuchern sind die Seifenwand, die in Regenbogenfarben schimmert, und das glitschige Kuhauge.
Nach einem Rundgang durch das Zentrum haben Ihre Kinder wahrscheinlich Lust bekommen, den Naturphänomenen in den Hohen Tauern auf den Grund zu gehen. Das geht immer dienstags bei einer Entdeckertour mit dem Detektiv „Nick Nature“ und seiner Lupe [Mitte Mai-Mitte Sep ab 10.30 Uhr ca. alle zwei Stunden, Erw. € 8, Kinder € 6].

A-9822 Mallnitz 36, Tel. 04784-701, bios@ktn.gv.at, www.bios-hohetauern.at. Mitte März-Anfang Mai/Anfang Okt-Ende Okt tägl. 14-18, Anfang Mai-Anfang Okt tägl. 10-18 Uhr, Erw. € 8,70, Kinder (6-15 J.) € 4,70, Fam. € 19,60.
***Anfahrt:** Von Spittal auf der B 100 und B 106 bis Obervellach, auf der B 105 bis Mallnitz und Beschilderung folgen.*

Trebesing: Europas erstes Baby- und Kinderdorf

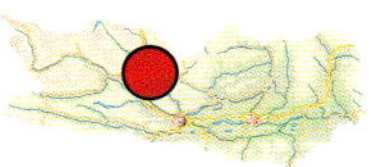

Wenn Sie einmal Urlaub nur unter Familien verbringen möchten, mit allem Service, der dazugehört – vom Babysitting bis zur Kinderanimation –, dann sollten Sie eine Unterkunft in diesem Dorf buchen.
Trebesing, verteilt auf vier Ortsteile am Hang und am rauschenden Bach Lieser gelegen, direkt unterhalb der Tauernautobahn (Ausfahrt Gmünd), ist eigentlich ein Dorf, in dem sich Fuchs und Hase Gute Nacht sagen. Wenn da nicht Siggi Neuschitzer wäre. Vor fast 30 Jahren entdeckte er die Marktlücke, baute den elterlichen Kurgastbetrieb aus und eröffnete Österreichs erstes Baby- und Kinderhotel. In dem kleinen Ort bilden heute drei Hotels, ein Gasthof sowie Ferienwohnungen, die Kinderbetreuung „Zwergennest“ und die Märchenwan-

Eine Wiese, die ein Geheimnis birgt: Darunter braust der Verkehr

dermeile zusammen „Europas erstes Babydorf". Zentraler Sammelpunkt und Spielplatz ist das erste Baby- und Kinderhotel, in dem sich (fast) alles um die Kinder dreht.
Nach Altersgruppen getrennte Betreuung im Krabbel- und im Spielzimmer gibt es da, Basteln, Malen und Tischlern. Im hauseigenen Kino geben zuweilen auch Clown und Zauberer ein Gastspiel, und bei jedem Wetter locken Planschbecken (drinnen und draußen) mit Wasserrutschen. Bleibt noch die große Spielwiese, auf der „Hubsi-Hu", das große Känguru-Maskottchen, auf kleine Gäste wartet. Besonders zieht es die Kids ins „Piratenland", eine Art Riesenhüpfburg. Mit immer neuen Ideen und Investitionen gelingt es Siggi Neuschitzer, sein Hotel zu optimieren: in frischen Farben und praktischem Mobiliar präsentieren sich Empfang, Buffet- und Restaurantbereich. Während die Kinder Spaß und Unterhaltung haben, können sich die (Groß-)Eltern im Wellness- und Fitnessambiente an Geräten, bei der Massage oder Schönheitsbehandlung, in der Sauna und im Whirlpool erholen. Auch abends werden die Kleinen, die zuerst verköstigt wurden, betreut, damit die Eltern in Ruhe das Gourmet-Abendessen genießen können. Dank computerschallüberwachter Gästezimmer können sie auch beruhigt noch auf einen Drink in die Bar gehen.
Entspannt sein können Eltern ebenso, wenn ihre Kinder die Tiere, z. B. Mufflons, Kängurus und Hasen, auf dem hoteleigenen Gelände entdecken. Ein neuer Gag ist das Baumhausdorf im Garten mit Hexen-, Piraten- und Schlafhaus, zu denen man durch den Stamm drei Meter hinaufklettern muss.
Der Clou in Trebesing ist allerdings das eingehauste Teilstück der Tauernautobahn. Wo früher die Autos auf der Brücke gleichsam durch das Dorf rasten, herrscht seit 2008 Ruhe. Das begrünte Dach ist Spielwiese, Schafweide und (Lang-)Laufstrecke. 17 Jahre lang hat Siggi Neuschitzer dafür gekämpft, 17 Millionen Euro hat die, wie er sagt, „teuerste Weide der Welt" schließlich gekostet.

Europas 1. Baby- und Kinderhotel, Bad 1, A-9852 Trebesing, Tel. 04732-23 50, info@babyhotel.eu, www.babyhotel.eu. Preisbeispiel: vom Apartment bis zur Suite in der Hauptsaison € 125-185 pro Person und Tag zuzüglich Kinderpreise (€ 36-110) inklusive Vollpension und Betreuung.
***Anfahrt:** A 10 Ausfahrt Gmünd-Maltatal, am Kreisverkehr Richtung Trebesing.*

Haus des Staunens

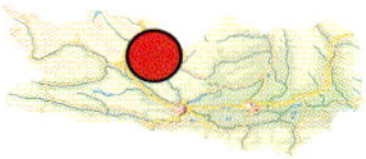

Wasser, das in großen Schalen durch Reibung zum Vibrieren und sogar zum Springen gebracht wird. Sandkörner, die sich durch Töne zu Mustern formieren, die dem Panzer einer Schildkröte verblüffend ähnlich sehen. Ein Wasserstrahl fällt lautlos wie Licht in einen Trog. Flackernde Teelichter gleiten durch das fließende Wasser, treffen zusammen oder auch nicht.

Lust am sinnlichen Erleben

Im „Haus des Staunens“ im Pankratium in Gmünd erleben Sie physikalische Phänomene und ästhetische Erscheinungen, die Sie verblüffen werden! Zu 40 Experimentierstationen, die vorwiegend mit den Themen Wasser und Musik zu tun haben, führt der Musiker und Musikpädagoge Manfred Tischitz seine kleinen und großen Besucher. 2006 eröffnete er sein Kunst-und-Wissenschafts-Erlebnis-Zentrum, das sehr schnell zum „neuen Highlight unter den Kärntner Ausstellungen“ wurde. Tischitz verwirklichte seinen Traum: eine zauberhafte Welt, in der man spielerisch versteht und mit eigenen Händen „begreift“ – und staunt. Subtil erfahren Besucher Farben, Formen, Bewegungen und Klänge. Sie hören Schwingungen nicht nur, sondern sehen und spüren sie auch. Klangmaschinen wie Wasserorgel, Pendelgeige, Nähmaschinenakkordeon und Klangfahrrad erklingen und bewegen sich. In der Klangkapelle des mittelalterlichen Gemäuers schwingt sanfte Musik, die unversehens eine bewegende Atmosphäre schafft: Kinder und Jugendliche, die sich untereinander gar nicht kennen und hier zufällig aufeinandergetroffen sind, spielen gemeinsam im Takt auf verschiedenen Naturtoninstrumenten aus aller Welt wie Harfe, Hang, Xylofon, Sansula und Monochord. Ein Dialog ohne Worte, an dem alle Kinder teilnehmen dürfen.

Pankratium Gmünd, Hintere Gasse 60, A-9853 Gmünd, Tel. 04732-311 44, info@pankratium.at, www.pankratium.at. Anfang Mai-Ende Okt tägl. 10-18 Uhr, Erw. € 8, Kinder (3-15 J.) € 4,50, Jugendliche (15-18 J.) € 6,50, Fam. € 19 inkl. Führung.
Anfahrt: *A 10 Ausfahrt Gmünd-Maltatal, der Beschilderung in die Stadtmitte folgen.*

Ein paar der unzähligen Formen, die ein Wassertropfen haben kann

Ein Wiedersehen mit Heidi und dem Geißenpeter in Übergröße

Heidi-Alm Falkert

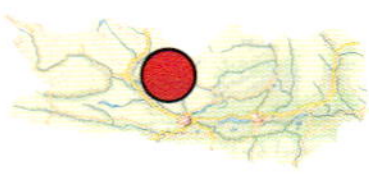

Heidis Welt sind die Berge, das weiß jedes Kind. Eigentlich ja nicht die Kärntner Nockberge, sondern die Almen oberhalb des Rheintals in der Bündner Herrschaft der Schweiz. Denn dort spielt der schwärmerische Roman, der mit dem Satz beginnt: „Vom freundlich gelegenen alten Städtchen Maienfeld aus führt ein Fußweg durch grüne, baumreiche Fluren bis direkt zu den Alpen hinauf." So ähnlich führt auch von Bad Kleinkirchheim aus die Straße in 20 Autominuten hinauf auf die Falkertalm in 1.850 Metern Höhe.

Dort haben Heidi, Geißenpeter, Alm-Öhi, der Hund Josef und andere Zeichentrickfilmfiguren seit 1995 eine Wahlheimat gefunden: in einem Erlebnisgarten rund um einen Fischteich.
Die Erzählung „Heidis Lehr- und Wanderjahre“ erschien erstmals 1880, ein Jahr später folgte „Heidi kann brauchen, was es gelernt hat“. Die rührenden Geschichten der Zürcher Autorin Johanna Spyri (1827-1901), in der eine idyllisch-heile Bergwelt mit Alpenglühen, blühenden Blümchen, kräftiger Bergluft, klarem Wasser und Geißlein namens Schneehöppli, Schwänli und Bärli geschildert wird, hat durchaus auch ihre ernsthaften Seiten. In Verfilmungen häufig auf Kitsch verkürzt, stecken in diesem Kinderbuch nicht nur Naturromantik, ein paar sozial- und kulturkritische Gedanken sind darin ebenso enthalten.

Auf der Heidi-Alm am Falkertsee spazieren Sie nun, begleitet von Zwergziegen, von einer Episode zur nächsten. Dabei erleben Sie, nacherzählt auf Texttafeln, die Geschichten des dunkelhaarigen Mädchens, wie es den verbitterten Großvater wieder versöhnlich stimmt, den Geißenpeter zu einem braven Schüler macht und der gelähmten Freundin Klara aus Frankfurt im bergigen Gelände beim Gehen hilft.

A-9564 Falkert-Patergassen, Tel. 04275-722 20, info@heidialm.at, www.falkert.at/heidialm. Ende Mai-Ende Okt tägl. 10-17 Uhr, Erw. € 6, Kinder (3-14 J.) € 3.
Anfahrt: *Auf der B 88 durch Bad Kleinkirchheim, bei Patergassen links abbiegen, der Beschilderung „Falkertsee“ folgen.*

Alpenwildpark und Naturstadel

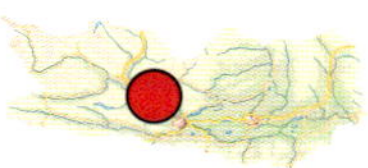

Sattgrüne Wiesen ziehen sich durch das Tal, in kleinen Seen spiegeln sich bewaldete Berghänge, deren Gipfel bis auf 2.000 Meter hinaufreichen. Dieser Landstrich ist ideal für ein weitläufiges Tierrefugium. Mit einem durchdringenden Schrei begrüßt ein Beo die Besucher des Alpenwildparks in Feld am See. Sogleich sind Sie mittendrin im Streichelzoo: Zwergziegen vollführen putzige Luftsprünge, sodass Ihre Tochter am liebsten gleich eine davon als Spielzeug mit nach Hause nehmen möchte. Kaninchen lassen sich geduldig hätscheln,

Auch der Waschbär gehört zu den Bewohnern des Alpenwildparks

und da ist auch schon die behäbige Muttersau mit ihren Ferkeln. „Mei, san die liab“, meinen die kleinen Besucher und wenden sich dann dem sich aufplusternden Pfauenhahn zu. Radschlagend zeigt er sein schillerndes Gefieder, wofür er bewundernde Blicke der Zuschauer einheimst – nur das Pfauenweibchen, dem sein Balzgehabe gilt, bleibt davon völlig unbeeindruckt.
Weiter spazieren die Zoogäste zu Shetlandponys und Rehkitzen, zwischendurch kräht ein Haushahn, Gold- und Silberfasan tauchen auf. An blökenden Vierhornschafen und meckernden Ziegen vorbei gelangen Sie durch Zaungatter in den elf Hektar großen Wildpark, der einen Lebensraum für etwa 100 heimische Wildtiere bietet. Bei einer Wanderung durch das Freigehege haben Sie gefahrlosen Kontakt mit Rot- und Damwild, Mufflons, Steinböcken, Gämsen und Wildschweinen. Fische wie Barbe, Bachforelle und Saibling tummeln sich im Aquarium des Fischmuseums im Naturstadel am Parkeingang. Vorwiegend sind jedoch Fischpräparate in der Sammlung zu sehen. „Tierisch gut“ gefällt Besuchern auch die kanadische Wildtier-Ausstellung. Dort werden Sie von zwei ungeheuer echt wirkenden Braunbären empfangen. Dann tut sich eine Welt von Tierpräparaten auf: mit Pumas, Grizzlys, Käuzen, Wölfen, Wapitihirschen und Karibus. Neben den Bären gehören Elch und Bison zu den gewaltigsten Exemplaren. Mittlerweile haben auch präparierte Wildtiere aus Afrika Einzug in den Wildpark gehalten wie Antilope, Büffel, Zebra und Giraffe. In der begehbaren Leopardenhöhle schauen Sie die Raubkatzen aus der Nähe an.

So nah wie im Naturstadel kommen sie den Tieren Afrikas selten

Speckbrot und Holundersaft

Direkt am Wildpark liegt ein ***Buschenschank,*** *der während der Sommermonate und Öffnungszeiten des Tierparks geöffnet hat. Serviert werden kalte Speisen aus Produkten der eigenen Landwirtschaft. Lecker schmecken eine Kärntner Brettljause und Salami-, Speck- und Schinkenbrote. Zu trinken gibt es Holunder- und Apfelsäfte sowie Most.*

Fam. Scherzer, A-9544 Feld am See, Tel. 04246-27 76, info@alpen-wildpark.at, www.alpen-wildpark.at. Mai-Sep tägl. 9-18, Okt tägl. 9-17 Uhr, Erw. € 9, Kinder (ab 4 J.) € 5.
Anfahrt: *Auf der B 98, zwischen Radenthein und Feld am See der Beschilderung folgen.*

Schaubergwerke Terra Mystica & Terra Montana

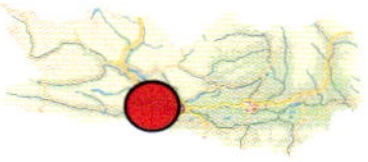

Auf einer Grubenreise unter Tage werden 700 Jahre Bergbauvergangenheit wach und die Erd- und Menschheitsgeschichte mit multimedialen Effekten erklärt. Der geführte Rundkurs durch den Erlebnisstollen Terra Mystica & Terra Montana in Bad Bleiberg dauert etwa drei Stunden und ist für Kinder ab vier Jahren geeignet. Die Anlage können Sie mit Straßenschuhen, besser noch mit Sportschuhen begehen. Da in dem Stollen hohe Luftfeuchtigkeit und eine Temperatur von acht Grad Celsius herrschen, wird warme Kleidung empfohlen.
Bereits 800 v. Chr. wurde in den Bergen von Bad Bleiberg Bergbau betrieben. Blei und auch Zink hat man aber erst wirklich effizient ab dem 14. Jahrhundert abgebaut, als das Bergwerk den Bischöfen von Bamberg gehörte. 1993 wurde die Anlage, in der einst 2.000 Bergleute beschäftigt waren, geschlossen.
Über eine 68 Meter lange Rutsche – ein für alle Altersklassen lustiges und gefahrloses Erlebnis – gelangen Sie mit Helm und Grubenjacke ausstaffiert ins Berginnere. Zu Fuß geht es weiter, vorbei an Stollenquerschlägen und alten Flözen, zu einer Präsentation über die ältesten Kultstätten und Höhlen der Menschheit. Dann erreichen Sie eine nachgebaute hölzerne Schachtförderanlage von 1831, die mit einem Wasserrad und Kübeln das Erz nach oben beförderte. Wie sich der Bergbau

Per Rutsche geht es in den Stollen, wo der Erlebnisrundkurs beginnt

von der Schwarzpulversprengung und mühsamen manuellen Gewinnung zur modernen Förderung entwickelte, erfährt man an den 14 Stationen der Terra Montana. Abschließend fahren Sie mit dem Grubenzug zum Schachtaufzug, der Sie wieder ans Tageslicht bringt.

Nötsch 91, A-9531 Bad Bleiberg, Tel. 04244-22 55, office@terra-mystica.at, www.terra-mystica.at. Mai/Juni/Sep/Okt Einfahrten Terra Mystica tägl. 11 u. 13 Uhr, Terra Montana 15 Uhr; Juli/Aug Terra Mystica tägl. 9.30-15 Uhr, Führungen ab 10 Uhr zu jeder vollen Stunde, Terra Montana tägl. Einfahrt um 16 Uhr; Nov-April Sa 15 Uhr, Erw. € 16, Kinder (bis 14 J.) € 9, Fam. ab 3 Pers.: Erw. € 15, Kinder € 8. Rollstuhlgeeignet.
Anfahrt: *Von Villach in westlicher Richtung auf der Landstraße nach Bad Bleiberg, dort Beschilderung folgen.*

Minimundus

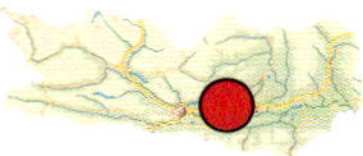

Auf einem rund 26.000 Quadratmeter großen Gartenareal zwischen dem Stadtrand von Klagenfurt und dem Wörthersee finden sich 148 Meisterwerke der Modellbaukunst: Bauwerke aus 40 Staaten der Erde, originalgetreu im Maßstab 1:25 errichtet. Der Rundgang durch Minimundus ist eine kleine Reise um den Globus. Dabei durchmisst man auch alle kunstgeschichtlichen Epochen von der Antike bis zur Gegenwart. So schlendern Sie durch Zeit und Raum vom Tadsch Mahal zum Sydney Opera House, von der Chinesischen Mauer zum Weißen Haus in Washington, von Schloss Neuschwanstein zum Raffles Hotel in Singapur.

Bauwerke, Schiffe & Züge aus aller Welt

Die meisten Minibauten repräsentieren europäische Bauwerke, vor allem aus Österreich, aber auch aus Deutschland, Italien, Frankreich, Großbritannien und den Niederlanden. Die anderen Modelle verteilen sich auf die übrigen Kontinente, wobei die USA an der Spitze stehen. Neben berühmten Gebäuden findet man auch einige Schiffe und Züge.
Die Auswahl der Sehenswürdigkeiten orientiert sich vorrangig an Schönheit und Bedeutung der Bauwerke für ein Land oder einen Kulturkreis. Wenn möglich werden Originalmaterialien verwendet wie Marmor, Gold oder Elbsandstein. Die Modelle haben eine Bauzeit von bis zu sieben Jahren!

Auch im Minimundus lässt sich der Schiefe Turm nicht gerade rücken

In mehr als 50 Jahren ist diese Freiluftausstellung beträchtlich gewachsen und überrascht mit Details: So wiegt etwa die Peterskirche insgesamt 24 Tonnen. Am Modell des Dresdner Zwingers haben mehr als 50 Leute mitgewirkt. Eines der höchsten Modelle, der CN Tower in Toronto – im Original eine erstrangige Ingenieurleistung –, ist auch in seiner 22 Meter hohen und 20 Tonnen schweren Miniaturversion ein technisches Meisterstück. Wer sich schließlich nach all den Eindrücken ein wenig erholen möchte, für den stehen Rastplätze, Restaurant, Selbstbedienungsbuffet und Cafeteria bereit. Auf dem Kindererlebnisweg können die Kleinen Rätsel raten oder auf dem Spielplatz mit dem Schiff fahren und auf dem Elefanten reiten.

Villacher Str. 241, A-9020 Klagenfurt, Tel. 0463-21 19 40, info@minimundus.at, www.minimundus.at. April/Okt tägl. 9-18, Mai/Juni/Sep 9-19, Juli/Aug 9-20 Uhr, Erw. € 12, Kinder (6-15 J.) € 7, Fam. € 26.
***Anfahrt:** A 2 bis Klagenfurt, Ausfahrt Wörthersee-Minimundus.*

Reptilienzoo Happ

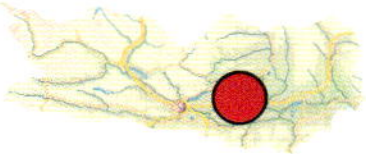

Mal ehrlich: Bekommen Sie nicht auch ein mulmiges Gefühl, wenn Sie Schlangen, Spinnen oder Krokodile aus nächster Nähe betrachten? Tatsächlich wissen die meisten Menschen zu wenig über diese Tiere und fürchten sie deswegen. Dies zu ändern ist das Ziel des Reptilienzoos.

Mambas, Kobras & Spinnen

Seit 300 Millionen Jahren leben Reptilien auf der Welt. Rund 1.000 Exemplare dieser Tierklasse aus verschiedenen Regionen der Erde sind in Glasvitrinen und in der Freilandanlage zu bewundern: Mambas, Kobras, Klapperschlangen, Warane, Leguane, Riesenschildkröten und heimische Schlangen. Im Insektarium leben Heuschrecken, Spinnen und Skorpione, Fische aus dem Wörthersee im Aquarium. Die im Garten nachgebildeten Giganten der Urzeit, die Dinosaurier, kennt jedes Kind.
Auf die Schlangen richtet sich das Interesse zuerst. Von den etwa 2.700 Schlangenarten, die auf der Erde vorkommen, stellen die Giftschlangen den weitaus kleineren Prozentsatz. Sie leben hauptsächlich in warmen Regionen wie den Tropen. So sehen Sie einen Albino-Tigerpython, den bis zu neun Meter langen Netzpython und den kleinen Königspython aus Westafrika, der sich bei Gefahr zu einem ballförmigen Knäuel zusammenrollt.
Auf Ihrem Weg begegnen Sie dem Bindenwaran, dem Afrikanischen Stumpfkrokodil, der Schlangenhalsschildkröte und der Gabunviper. Im Freien sind giftige Klapperschlangen zu sehen, die, wenn sie aufgestört werden, mit ihrer Schwanzspitze einen Summton erzeugen. Schließlich sind Sie bei der Riesenschildkröte angelangt. Souverän spielt sie ihre Rolle als Kinderspielzeug und Fotomodell, reckt elegant ihren Hals und erträgt es geduldig, wenn die Kleinen zum „Shooting“ auf ihrem breiten Panzer posieren.

Villacher Str. 237, A-9020 Klagenfurt, Tel. 0463-234 25, reptilienzoo@aon.at, www.reptilienzoo.at. Sommer tägl. 8-18, Winter tägl. 10-17 Uhr, Nov geschlossen, Schlangenvorführungen tägl., Krokodil- und Piranha-Fütterungen Sa 15 Uhr, Erw. € 11, Kinder (4-15 J.) € 6,50.
Anfahrt: *A 2 bis Klagenfurt, Ausfahrt Wörthersee-Minimundus.*

Außergewöhnliche Reittiere sind die Riesenschildkröten im Reptilienzoo

Heinrich-Harrer-Museum

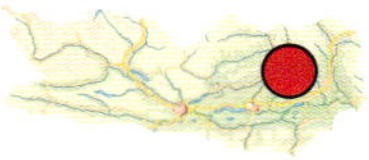

„Alle Träume des Lebens beginnen in der Jugend ... Mich begeisterten schon als Kind ... die Männer, die auszogen, unbekannte Länder zu erforschen.“
Mit diesen Worten beginnt Heinrich Harrer (1912-2006) sein weltbekanntes und in Hollywood verfilmtes Buch „Sieben Jahre in Tibet“ (Ullstein Verlag). Harrer folgte seinen Vorbildern, den skandinavischen Naturforschern Sven Hedin und Thor Heyerdal, und wurde Weltreisender.
Der junge, aus Hüttenberg stammende Alpinist, dem 1938 die Erstbesteigung der Eiger-Nordwand gelungen war, nahm im Jahr danach an der deutschen Nanga-Parbat-Expedition im Himalaja teil. Doch der Zweite Weltkrieg machte alle Pläne zunichte. In einem britischen Internierungslager in Indien wurde er gefangen gehalten und erst 1944 gelang ihm die Flucht nach Tibet. Die Jahre bis 1952 als Ratgeber des jungen XIV. Dalai Lama im Potala-Palast in Lhasa sollten sich als Angelpunkt seines Lebens erweisen.

Stollen, Steine und Figuren

Oberhalb der alten Bergbausiedlung Hüttenberg, in Knappenberg, zeigt das ***Schaubergwerk*** *die Geschichte der traditionellen Norischen Region. In der angegliederten Mineraliensammlung taucht die funkelnde Welt der bunten Kristalle und jahrmillionenalten Fossilien auf. Gegenüber, im* ***Puppenmuseum von Helga Riedel,*** *begegnen Ihnen unter anderem auch wieder Heinrich Harrer und der Dalai Lama* *(Infos siehe S. 95).*

Das Heinrich-Harrer-Museum ist dem berühmtesten Hüttenberger gewidmet

Mit Respekt und Neugier

Wie neugierige Forschungsreisende gehen heute kleine (etwa ab 6 J.) und große Besucher durch das 1992 eröffnete, nur rund 30 Autominuten von Klagenfurt entfernte Museum in Hüttenberg und entdecken voller Respekt die Kulturen verschiedener außereuropäischer Völker, die Harrer einst erforscht hatte: in Afrika, Borneo, Neuguinea, auf den Adamanen und in Südamerika. Einbaumboote und aus Naturfasern geflochtene Schuhe, Trommel, Harfe und Leier der Pygmäen, Giftpfeile und Nilpferdschutzschilde, Nackenstützen zum Schlafen und Kaurischnecken, die einst als Geld im Umlauf waren, finden Sie unter den rund 4.000 Exponaten. Auch Alltägliches wie Harrers Bergstiefel oder Essschälchen und Löffel, die er immer auf Expeditionen bei sich hatte. Der Schwerpunkt der Ausstellung gilt Tibet. Thron- und Gebetsraum verleihen in ihrer Originalausstattung dem Museum einen feierlichen und besinnlichen Rahmen. Doch außer religiösen Symbolen wie Diamantzepter und Glocke, opulentem Kopfschmuck, Masken und Knochenflöten ist auch viel Nützliches zu sehen: vom Butterstampfer über Teeschälchen und Picknickkörbe aus Bambus bis zum mehrstöckigen Dampfkochtopf. Gepresste Teekegel sind auf langen Reisen genauso praktisch wie Trockenkäse, den man unterwegs lutschen kann.

Gegenüber dem Museum auf dem Lingkor, dem Pilgerpfad, der sich die steile Felswand hinaufwindet und 2002 vom Dalai Lama eingeweiht wurde, setzt sich das Thema Tibet fort: bunte Gebetsfähnchen, Wandmalereien, Bronzefiguren und Stupas, in denen den Göttern Opfergaben dargereicht, und Gebetsmühlen, die mit dem gemurmelten Mantra der tibetischen Buddhisten, „Om Mani Padme Hum", gedreht werden, begegnen einem auf den 500 Stufen der Treppe.

Im **Tibetzentrum**, einer Begegnungsstätte der Religionen und Kulturen, kann man an Vorträgen, Workshops und Seminaren zur tibetischen Philosophie und Medizin teilnehmen [Reiftanzplatz 1, A-9375 Hüttenberg, Tel. 04263-200 84, office@tibetcenter.at, www.tibetcenter.at].

Könnte auch in Tibet stehen: die Stupa des Tibetzentrums in Hüttenberg

Bahnhofstr. 12, A-9375 Hüttenberg, Tel. 04263-81 08, office@harrermuseum.at, www.harrermuseum.at. Mai-Okt tägl. 10-17 Uhr, Pilgerpfad für Kinder bis 14 J. nur in Begleitung Erwachsener. Kombiticket (Harrer-Museum, Schaubergwerk inkl. Führung, Mineralienschau u. Puppenmuseum – siehe Kasten S. 94 – können auch getrennt voneinander an verschiedenen Tagen innerhalb der Saison besucht werden) Erw. € 12, Kinder (bis 15 J.) € 7.

***Anfahrt:** Von Klagenfurt auf S 37/317 bis zur Abzweigung rechts nach Hüttenberg, dort der Beschilderung zum Parkplatz folgen; kurzer Fußweg zum Heinrich-Harrer-Museum. Zum Schaubergwerk und den anderen Museen: Mit dem Auto drei Kilometer hinauf nach Knappenberg.*

Tierpark und Schloss Rosegg

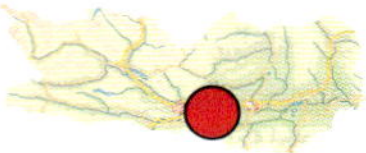

Weiße Wölfe, Mufflons, Donau-Rotwild und Berberaffen, Bisons, Milus (Davidshirsche; siehe Kasten S. 97), Hängebauchschweine, Dam- und Rotwild sowie Strauße, Kraniche und Flamingos – rund 400 Tiere in mehr als 35 verschiedenen Arten beherbergt der Tierpark Rosegg, der sich über mehr als 30 Hektar erstreckt. Die Wanderwege im Park sind abwechslungsreich angelegt, allerdings in einigen, steilen Abschnitten mit Kinderwagen nur schwierig – oder wie rund um den Aussichtsturm gar nicht – zu befahren. Dieses Manko lässt sich verkraften, denn die jüngsten Besucher vergnügen sich sowieso am liebsten auf dem Spielplatz oder im Streichelzoo bei Ponys, Eseln, Hasen und Ziegen.

Besondere Spezies

Unweit des Tierparks liegt Schloss Rosegg, in dem eine ganz andere Spezies lebte: Fürst Franz Xaver Wolf von Orsini-Rosenberg (1723-96) war ein einflussreicher Mann in der Zeit des

Wer findet als Erstes den Ausgang aus dem fürstlichen Gartenlabyrinth?

Exklusiver Hirsch aus China

Der Milu oder Davidshirsch ist eine Tierart, von der nur noch 1.300 Exemplare als Hegewild auf der Welt existieren – einige davon im ***Tierpark Rosegg.*** *Sein Geweih, das aussieht, als säße es verkehrt herum auf dem Kopf, sein langer Wedel und seine Hufe, die ein knackendes Geräusch machen, unterscheiden den Milu wesentlich von anderen Hirschen. In England gelang im Wildpark Woburn Abbey nördlich von London durch Nachzucht der Erhalt dieser in freier Wildbahn ausgestorbenen Art. Ursprünglich stammt der Milu aus China, wo er zur Kaiserzeit im Wildpark Nan Hai-tsu bei Peking gehalten wurde, bis er 1922 völlig ausgerottet war. Heute leben wieder ausgewilderte Exemplare in China, genannt „See-pu-hsiang" (vier in einem), weil das Tier die Merkmale von Hirsch, Reh, Rind und Esel vereinigt.*

aufgeklärten Absolutismus. Als Diplomat und Vertrauter Kaiserin Maria Theresias brachte er die Wirtschaft zum Blühen, reformierte das Gesetzeswesen und wurde auch in das Großherzogtum Toskana nach Florenz entsandt. Für seine junge italienische Geliebte, Madame Lucrezia, brachte der Fürst ein Stück Italien nach Kärnten: Ihr zuliebe ließ er 1772 als Sommerresidenz Schloss Rosegg erbauen, das an eine italienische Villa erinnert.

Von 1831 an war das Schloss im Besitz der Familie Liechtenstein und blieb bis in die Siebzigerjahre des 20. Jahrhunderts bewohnt. Ein kurioses Highlight darin ist seit 1997 das Wachsfigurenkabinett des Kärntner Künstlers Ulrich Mertel.

Schlossfürst & Musikgraf

Die lebensgroßen Figuren scheinen (fast) wieder lebendig zu werden: Da lernen Sie den Erbauer der Villa kennen, Fürst Orsini-Rosenberg, der auch als „Musikgraf" bekannt ist. Denn er soll sich als Förderer des jungen Wolfgang Amadeus Mozart hervorgetan und dessen Erfolg in Wien und am kaiserlichen Hof gegen den Widerstand des Hofkapellmeisters Antonio Salieri ermöglicht haben. Auf dem weiteren Weg durch das Schloss begegnen Sie auch noch anderen historischen Persönlichkeiten wie etwa Kaiserin Sisi und Kaiser Franz Joseph.
Noch eine Besonderheit im Schlosspark ist das Gartenlabyrinth aus 3.000 heimischen Hainbuchen. Lassen Sie sich in die Irre führen, und spüren Sie die Magie des Ortes!

A-9232 Rosegg 1, Tel. 04274-523 57 u. -30 09, info@rosegg.at, www.rosegg.at. Tierpark: April-Nov tägl. 9-17 Uhr Einlass, Erw. € 7,50, Kinder (3-15 J.) € 4,50, Fam. € 22,50. Schloss: Mai-Okt Di-So 10-17.30 Uhr Einlass, Juli/Aug auch Mo, Erw. € 6, Kinder (6-15 J.) € 4, Fam. € 18. Labyrinth: Erw. € 4, Kinder € 2,50. Diverse Kombikarten: Erw. € 9-15, Kinder € 6-9, Fam. € 28-43.
Anfahrt: *A 11 Ausfahrt Rosegg-Wörthersee und der Beschilderung folgen.*

Vogelpark Turner See

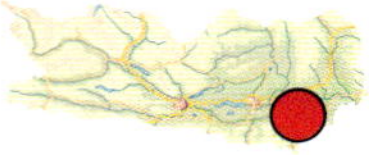

Ein solches Zwitschern, Piepsen, Trillern, Pfeifen, Krächzen, Kreischen ist hier zu hören, dass man glauben könnte, man sei im Taubenschlag. Nur dass es im Vogelpark am Turner See wesentlich bunter zugeht. Mehr als 1.200 Tiere in etwa 340 Arten werden in diesem auch mit Kinderwagen gut befahrbaren Areal gehalten – eine exotische Sammlung von Sittichen, Papageien und Greifvögeln, Fasanen und Enten aus aller Welt.

Der Körper pastellfarben, die Federhaube umso knalliger: der Inka-Kakadu

Wie heißt der Vogel mit buschigem Kopfputz?

Hier können Sie zum Beispiel den Inka-Kakadu mit weiß-rot-gelbem Schopf bestaunen oder den Fischertukan mit knallig buntem Schnabel und gelber Brust. Der Kronenkranich macht mit seinem buschigen Kopfputz seinem Namen alle Ehre. Schön anzuschauen sind außerdem die elegant gezeichnete Mandarin-Ente, der Satyr-Tragopan, der weiße Punkte auf dem roten Gefieder trägt, und als prächtigster von allen der Weiße Pfau.

Seltene Nachzuchten

Einige der Arten sind in ihren natürlichen Lebensräumen bereits so stark dezimiert oder in ihrer Existenz gefährdet, dass man im Vogelpark Turner See stolz darauf ist, wenn dort immer wieder seltene Nach- oder Erstzuchten gelingen. Zahme Vögel lassen sich auch gern auf den Arm nehmen und füttern. Wie die Papageienbabys mit der Futterspritze dreimal täglich gefüttert werden, können Sie und Ihre Kinder in der Aufzuchtstation beobachten, bevor es in den Streichelzoo geht, dessen Bewohner angefasst und gefüttert werden dürfen.

A-9123 St. Primus 47, Tel. 0676-418 25 27, zupanc@vogelpark.at, www.vogelpark.at. Mitte April-Ende Sep tägl. 9-18, 1.-20. Okt tägl. 10-16 Uhr, Erw. € 9,50, Kinder € 4,80.
***Anfahrt:** A 2 von Klagenfurt nach Osten, Ausfahrt St. Kanzian/Klopeiner See, dann L 121 Richtung Süden.*

Fakten von A bis Z

Ankunft/Anreise

Die meisten Urlauber reisen mit dem Auto nach Kärnten. Österreichs Autobahnen und Schnellstraßen sind gebührenpflichtig. **Maut-Vignetten**, die für fast alle Straßen – Ausnahmen sind zum Beispiel Malta-Hochalmstraße (siehe S. 40) und Großglockner-Hochalpenstraße (siehe S. 36) – gültig sind, bekommt man unter anderem beim ADAC, an allen Grenzübergängen und Tankstellen. Die „Pickerl" kosten für Pkw und Wohnmobile € 7,90 für zehn Tage, € 23 für zwei Monate und € 76,50 pro Jahr (www.oeamtc.at). Am Tauerntunnel muss in der Hauptreisezeit an den Wochenenden mit langen Staus gerechnet werden.
Wer mit der Bahn anreist, kann die Verbindung von München über Salzburg nach Villach wählen. Der **Flughafen Klagenfurt**, auch „Alpe Adria Airport" genannt, ist täglich durch Linienflüge von Wien (Austrian Airlines), Frankfurt-Hahn (Ryanair), München (Lufthansa), Köln (Germanwings) und anderen wichtigen Flughäfen aus erreichbar (www.klagenfurt-airport.com) und direkt an die A-2-Südautobahn angebunden.
Gerade für Familien eignen sich die **DB-Autozüge.** Sie müssen am Ferienort auf Ihren Wagen nicht verzichten und genießen trotzdem die Vorteile der Bahnfahrt: In bequemen Liege- oder Schlafwagenabteilen erreichen Sie über Nacht Ihr Ziel und sparen zusätzliche Kosten für Raststättenaufenthalte, Übernachtungen, Autobahngebühren und Benzin. Kärnten können Sie über das AutoZug-Terminal in Villach von Berlin, Düsseldorf, Frankfurt/Neu Isenburg, Hamburg und Hildesheim aus erreichen. Nähere Infos – auch über Preise – erhalten Sie in DB-Reisebüros und beim DB-Autozug (www.dbautozug.de).

Wohnmobilisten finden in Kärnten viele schöne Plätze

Auskunft

In Österreich

Kärnten Information, Casinoplatz 1, A-9220 Velden, Tel. 0463-30 00, info@kaernten.at, www.kaernten.at. Touristisch erschlossene Gegenden haben ein regionales Touristenbüro vor Ort. Adressen bekommen Sie bei der Kärnten Information.
Außerdem gibt es eine eigene Website für Familien: www.kaernten-family.at.

In Deutschland

Österreich Werbung, Klosterstr. 64, 10179 Berlin, Tel. 01802-10 18 18, urlaub@austria.info, www.austria.info.

In der Schweiz
Österreich Werbung, Zurlindenstr. 60, CH-8036 Zürich, Tel. 0842-10 18 18, ferien@austria.info, www.austria.info.

Autovermietung

In allen größeren Städten gibt es internationale Autovermietungen sowie regionale Anbieter. Wer auf Nummer sicher gehen will, einen Wagen seiner Wahl zu bekommen, bucht am besten vor Reiseantritt. Vergessen Sie nicht, einen Kindersitz zu ordern! Bekannte Autovermieter sind **Avis** [Tel. 0463-559 38, klagenfurt@avis.at, www.avis.at], **Sixt** [Tel. 0463-42 06 40, www.sixt.at], **CharterLine Autovermietung** [Tel. 0463-46660, info.klagenfurt@buchbinder-rent-a-car.at, www.buchbinder.co.at], **Hertz** [Tel. 0463-561 47, reservierung@hertz.at, www.hertz.at], **Europcar** [Tel. 0664-825 87 45, klagenfurt-airport@europcar.at, www.europcar.at].

Baby- und Kidsitter

Die meisten kinderfreundlichen Beherbergungsbetriebe bieten Babysitterdienste an. Falls Ihr Gastgeber selbst keine Baby- und Kinderbetreuung offeriert, hilft er Ihnen aber gern weiter. Keinerlei Gedanken um die Betreuung Ihres Nachwuchses brauchen Sie sich bei einem Aufenthalt in Trebesing (siehe S. 85) zu machen.

Bus, Bahn und Taxi

Mit dem Auto sind Sie im ländlichen Kärnten immer noch am flexibelsten unterwegs, da **Busse und Bahnen** häufig nur in großen Zeitintervallen verkehren [Kärntner Linien, Verkehrsverbund Kärnten, Walther-v.-d.-Vogelweide-Platz 4, A-9020 Klagenfurt, Tel. 0463-50 08 30, sekretariat@vkgmbh.at, www.kaerntner-linien.at]. Trotzdem: So gut wie alle Orte Kärntens sind mit öffentlichen Verkehrsmitteln erreichbar. Es verkehren Busse der **ÖBB** [Österreichische Bundesbahnen, Tel. 05-17 17, service@pv.oebb.at, www.oebb.at], der **Postbus** [Tel. 0810-22 23 33, service@postbus.at. www.postbus.at] und Busse der **STW** [Stadtwerke Klagenfurt, Tel. 0463-52 10, office@stw.at, www.stw.at]. Nähere Informationen erhalten Sie bei allen Bahnhöfen.
Der Verkehrsverbund ist auch Kärnten-Card-Partner, somit können Besitzer dieser Karte (siehe Seite 103) alle öffentlichen Verkehrsmittel zum 50 Prozent ermäßigten Spartarif nutzen. Mit der ÖBB-Vorteilscard für Familien reisen Kinder bis 14 Jahre in Begleitung der Eltern kostenlos. Die Karte kostet € 19,90 und ist ein Jahr lang gültig.
Taxiunternehmen gibt es in jeder Stadt und in vielen Orten [Taxi-Klagenfurt, Tel. 0463-49 97 99, info@berisha.org, www.taxi-klagenfurt.com]; das Netz ist nahezu flächendeckend, aber Sie können sich nicht darauf verlassen, in abgelegenen Orten immer ein Taxi zu bekommen.

Camping

Die folgende, vor allem für Familien empfohlene Auswahl ist dem ADAC-Camping-Caravaning-Führer entnommen, in dem Sie noch zahlreiche weitere Adressen von Campingplätzen finden. Auf der Suche nach dem passenden Platz lohnt ein Blick ins Internet (www.camping.at). Eine eigene Camping-Broschüre hat auch die Kärnten Information aufgelegt (siehe S. 100).

Camping Brunner am See, *A-9873 Döbriach/Millstätter See, Tel. 04246-71 89,-73 86, office@camping-brunner.at www.camping-brunner.at.*
Bestens ausgestatteter Erlebnisspielplatz sowie Beachvolleyballfeld. Betont umweltorientiertes Freizeitprogramm mit Bergtouren und Wanderungen für Familien.

Campingpark Burgstaller, *A-9873 Döbriach/Millstätter See, Tel. 042 46-77 74, office@burgstaller.co.at, www.burgstaller.co.at.*
ADAC-Superplatz. Spektakuläres Sanitärgebäude mit windschiefer Optik und modernstem Komfort (Waschlandschaft für Kinder im Stil eines karibischen Piratenschiffs). Ähnlich kurios: Standplatz auf einer Scheibe, die sich mit der Sonne dreht .

Strandcamping Arneitz, *A-9583 Faak/Faaker See, Tel. 04254-21 37, camping@arneitz.at, www.camping-arneitz.at.*

Camping Rosental Roz, *A-9173 Gotschuchen bei St. Margareten/Rosental, Tel. 04226-810 00, camping.rosental@roz.at, www.roz.at.*
Für Kinder großzügig gestaltete Sanitäreinrichtungen. Reichhaltig ausgestatteter Kinderspielplatz sowie Streichelzoo.

Seecamping Berghof, *A-9523 Heiligen Gestade/Ossiacher See, Tel. 04242-411 33, office@seecamping-berghof.at, www.seecamping-berghof.at.*
Im nahen Bergwald Naturerlebnispfad und Survival-Training für Kinder.

Schluga-Camping Hermagor Pressegger See, *A-9620 Hermagor-Vellach, Tel. 04282-20 51, camping@schluga.com, www.schluga.com.*
Liege- und Spielwiese sowie FKK-Gelände am ca. vier Kilometer entfernten See. Neu angelegter Naturbadeteich. Kinderfreundliche Freizeitangebote für kleine und große Naturfreunde.

Terrassencamping Maltatal, *A-9854 Malta, Tel. 04733-23 40, info@maltacamp.at, www.maltacamp.at.*
Spielplatz, Fahrten im Traktoranhänger und der Bauernhof mit Streichelzoo sowie Reitpferden machen den Platz zu einem Ferienparadies für Kinder.

Terrassencamping Ossiach, *A-9570 Ossiach/Ossiacher See, Tel. 04243-436, martinz@camping.at, www.terrassen.camping.at.*
Spielplätze, Streichelzoo, Reitschule.

Camping Pirkdorfer See, *A-9143 Pirkdorf/Pirkdorfer See bei St. Michael, Tel. 04230-321, office@pirkdorfersee.at.*
Sport- und Unterhaltungsprogramm für Kinder. Sieben Miet-Tipis.

Strandcamping Turner See Breznik, *A-9123 St. Primus/Turner See, Tel. 04239-23 50, info@breznik.at, www.breznik.at.*
Abgetrennter Badebereich für Kleinkinder.

FKK-Camping Müllerhof, *A-9074 Keutschach/Keutschacher See, Tel. 04273-25 17, muellerhof@fkk-camping.at, www.fkk-camping.at.*
Freizeitprogramm vor allem für Kinder.

Einreise
Wenngleich die Grenzkontrollen im Rahmen der EU entfallen, sollte man für die Einreise nach Österreich einen gültigen Reisepass oder Personalausweis dabeihaben. Für Einreisende aus Ländern außerhalb der EU ist ein Reisepass unbedingt notwendig.

Fahrradverleih
In Bahnhofsnähe kann man beim Radverleih-Partner der ÖBB Fahrräder ausleihen. In zahlreichen Orten verleihen auch Fahrradgeschäfte Räder. Außerdem können mitunter direkt in Pensionen und Hotels oder beim örtlichen Tourismusbüro Fahrräder gemietet werden. Helme sollten Sie von zu Hause mitbringen.

Fundbüro
Wenn irgendwo der Lieblingsteddy des Jüngsten oder die Kamera des Großvaters verloren gegangen ist, hilft manchmal ein Besuch im Fundbüro. In kleineren Ortschaften wendet man sich am besten an das Gemeindeamt oder das Tourismusbüro.

Geld
Die österreichische Währung ist der Euro. Banken haben in der Regel montags bis freitags von 8 bis 12 und 14 bis 16.30 Uhr geöffnet. Geldautomaten gibt es in jedem Ort.

Kärnten-Card
Mit dieser Karte ist in mehr als 100 attraktiven Ausflugszielen der Eintritt frei. Sie gilt für Schifffahrt, Bergbahnen, Panoramastraßen, Kultur- und Themenmuseen, Freizeit- und Erlebnisparks, Hallen- und Freibäder sowie Naturerlebniswelten. Wer in den Ferien viel erleben möchte, für den lohnt sich die maximal drei Wochen gültige Kärnten-Card

Kärnten lässt sich auch per (Leih-)Fahrrad erkunden

unbedingt (www.kaerntencard.at). Sie ist von Mitte April bis Mitte Oktober gültig und kann beliebig oft genutzt werden. Erhältlich ist sie in Tourismusbüros und zahlreichen Beherbergungsbetrieben. Für Erwachsene kostet sie für eine/zwei Woche(n) € 34/42, für Kinder (6-15 J.) € 14/18, Kinder unter 6 Jahren frei.

Klima und Reisewetter

Saisonzeiten für Familien sind grundsätzlich das ganze Jahr über. Die ideale Reisezeit für Badeurlauber ist zwischen Ende Mai und Mitte September. Bergwanderer erwartet im September und Oktober die größte Wetterbeständigkeit. Die besten Wintersportbedingungen finden Skifahrer von Ende Dezember bis Ende März vor.

Dem rauen Klima der Hohen Tauern steht das gemäßigte, mediterran beeinflusste Klima des Seengebiets gegenüber. Der Alpenhauptkamm wirkt als Wetterscheide und hält Schlechtwetterfronten vom Norden ab. Regenbringer sind hingegen Tiefdruckgebiete im Mittelmeerraum. Beständiges Sommerwetter herrscht vor allem im Klagenfurter Raum, der recht windgeschützt liegt. Hohe, lang anhaltende Wassertemperaturen von 25-28 Grad Celsius erreichen die Kärntner Seen. Im Herbst und Winter genießt man auf den Bergen deutlich mehr Sonnenschein als in den Tälern, die oft unter einer Nebeldecke liegen.

Literaturtipps

Cornelia Mathis-Haider und Arnold Pöschl: „Der Kärntner Kulturführer. 77 Kulturschauplätze auf einen Blick." Carinthia Verlag, Wien. ISBN 978-3-85378-661-1.

Alexander Sattmann: „Kärnten verstehen. Geheimnisse, Besonderheiten, Anekdoten." Leykam Buchverlag, Graz. ISBN 978-3-7011-7661-8.

Klimatabelle

	Jan	Feb	März	Apr	Mai	Juni	Juli	Aug	Sep	Okt	Nov	Dez
Lufttemp./ durchschn. in °C	-4,6	-1,4	3,3	8,5	13,3	16,6	18,4	17,6	14,1	8,3	1,9	-3,2
Lufttemperaturen/max (in °C)/min	16,4 -27,8	16,2 -25,6	24 -21,1	28 -5,5	31,2 -3,8	33,1 -0,6	35,8 3,0	34,9 3,4	29,7 -1,6	26,3 -6,9	18,6 -17,4	16,6 -21,8
Sonnenschein (in Std.) täglich	2,3	4,0	4,9	5,9	7,0	7,5	8,1	7,5	6,0	4,2	2,1	1,7
Niederschlag (Tage/Monat)	6	6	7	8	10	11	10	9	7	7	8	6

Feiertage und Ferien

Jan: Neujahrstag;
6. Jan: Hl. Drei Könige;
März/April:
Ostermontag;
1. Mai: Tag der Arbeit;
Mai/Juni: Christi Himmelfahrt, Pfingstmontag, Fronleichnam;
15. Aug: Mariä Himmelfahrt;
10. Okt: Gedenktag zur Volksabstimmung;
26. Okt: Nationalfeiertag;
1./2. Nov: Allerheiligen und Allerseelen;
8. Dez: Mariä Empfängnis;
25. Dez: Christtag; 26. Dez: Stephanitag. Schulferien sind an Weihnachten zwei Wochen, im Februar und an Ostern eine Woche. Die Sommerferien dauern 9 Wochen von Juli bis Anfang September.

Klaus Amann (Hg.): „Kärnten. Literarisch. Liebeserklärungen. Kopfnüsse. Denkzettel." Drava Verlag, Klagenfurt. ISBN 978-3-85435-386-7.
Nicole Richter und Anita Arneitz: „Lust auf Klagenfurt am Wörthersee." Carinthia Verlag, Wien. ISBN 978-3-85378-662-8.

Medien

Rundfunkprogramme senden Ö 1 und Ö 3 sowie Antenne Kärnten, KroneHit und Radio Kärnten. ORF 1 und ORF 2 sind die beiden öffentlich-rechtlichen österreichischen **TV-Sender**. Österreichisches Privatfernsehen gibt es bei ATV+, Plus4, ServusTV und Austria9. Als überregionale bzw. österreichweite Tageszeitungen erscheinen „Kronenzeitung", „Der Standard" und „Die Presse"; die wichtigsten regionalen Blätter sind die „Kärntner Tageszeitung" und die „Kleine Zeitung".

Medizinische Versorgung

Es gilt die Europäische Krankenversicherungskarte oder eine provisorische Ersatzbescheinigung bei eingetragenen Vertragsärzten, deren Adressen man bei den jeweiligen Gebietskrankenkassen findet: www.kgkk.at.
Apotheken sind Mo-Fr 8-18, Sa 8-12 Uhr geöffnet.
Folgende Krankenhäuser haben eine Kinderabteilung:
Klinikum Klagenfurt am Wörthersee, *Abt. Kinder- und Jugendheilkunde sowie Neurologie und Psychiatrie des Kindes- und Jugendalters, A-9020 Klagenfurt, St. Veiter Str. 47, help@lkh-klu.at, www.lkh-klu.at.*
Krankenhaus Spittal/Drau, *Billrothstr. 1, 9800 Spittal, office@khspittal.com, www.khspittal.com.*

Nicht immer ist die Wetterlage im Gebirge so offensichtlich ...

Sicherheit im Gebirge

Damit Ihr Ausflug kein böses Ende nimmt, gilt es, Folgendes zu beachten. Begeben Sie sich zweckmäßig ausgerüstet in die Berge: mit festem Schuhwerk, Regenschutzkleidung und Kopfbedeckung. Wenig berggeübte Wanderer sollten bedenken, dass sich der Organismus erst an die veränderte Höhenlage anpassen muss! Auch nicht unterschätzt werden dürfen Gefahren wie Wetterumschwung, Lawinen und Steinschlag. Was tun, wenn man doch einmal vom Unwetter überrascht wird? Suchen Sie möglichst schnell die nächste Schutzhütte oder Höhle auf. Bei Gewitter auf keinen Fall Schutz unter einem Baum suchen oder sich in einer Felswand aufhalten (bei Klettersteigen vom Metall fernhalten!). Am besten: vor dem Tourstart über die Wetteraussichten informieren!

***Landeskrankenhaus Villach,** Nikolaigasse 43, A-9500 Villach, kinderabteilung@lkh-vil.or.at, www.kinderabteilung.lkh-vil.or.at.*

Notrufe

Feuerwehr 122, Polizei 133, Rettung 144, Ärztenotruf 141, internationaler Notruf 112, Ärztenotdienst 0900-88-0-88 + PLZ des Aufenthaltsortes, Bergrettung 140, ÖAMTC-Pannendienst 120, ARBÖ-Pannendienst 123.

Öffnungszeiten

Die Geschäfte in den Tourismusorten sind im Allgemeinen Mo-Sa 7-19 Uhr durchgehend geöffnet. Während der Hochsaison haben Geschäfte auch am Sonntag (8-12.30 u. 15-17 Uhr) geöffnet.

Post

Außer Postämtern gibt es auch Postpartner in Lebensmittelmärkten oder Zeitschriftenläden mit entsprechenden Öffnungszeiten. Postkarten und Marken kann man auch in Tabakläden, Souvenirgeschäften und Hotels kaufen. Das Porto für Briefe und Postkarten beträgt € 0,55.

Sprache

Mit ein wenig Übung ist es auch für (Nord-)Deutsche nicht schwer, die österreichischen Nachbarn zu verstehen. Zur besseren Verständigung an dieser Stelle einige typisch kärntnerische Begriffe rund ums Kind:

aufgewecktes Kind – Springinkale
Baby – Putzale
Brei, Mus – Pompf
Fläschchen – Flaschi
Junge – Pua
Kinderbrei – Papale
Kleinkindergeschrei – Getschentschach
Lätzchen – Patale
Mädchen – Dirndle
Popo – Popschal
nacktes Kind – Nakhapazl
Spielrassel – Tschalperle
Schaukel – Hutschn
Schmutzfink – Saupartl
Schnuller – Zutz
Schuhe – Patscherln
Unfug treiben – posln
Unordnung – Ausgschau
weinerliches Kind – Plerénke

Telefon

Öffentliche Münzfernsprecher gibt es nur noch sehr wenige. Bargeldlos kann man mit Telefonkarten telefonieren, die in Tabakwaren- und Zeitschriftenläden, vereinzelt auch in Lebensmittelgeschäften erhältlich sind. Die Vorwahl von Österreich nach Deutschland: 0049. Vorwahl von Deutschland und der Schweiz nach Österreich: 0043. Nach der jeweiligen Länderkennzahl wird die Ortskennzahl ohne 0 gewählt. Das Handynetz ist flächendeckend, trotzdem kann es passieren, dass in abgelegenen Tälern oder auf Wanderungen der Empfang kurzfristig ausfällt.

Tiere

Für Hunde und Katzen ist bei der Einreise nach Österreich ein sogenannter EU-Heimtierausweis, der in Form eines Mikrochips implantiert wird, Pflicht. Die obligatorische Tollwutimpfung muss mindestens 30 Tage alt sein, darf aber nicht länger als ein Jahr zurückliegen. Für Hunde gilt in Österreich Leinen- und Maulkorbpflicht.

Unterkünfte

Im Familienparadies Kärnten heißen unzählige baby- und kinderfreundliche Beherbergungsbetriebe ihre Gäste willkommen. Als Erster in Österreich entdeckte der Gründer des 1. Baby- und Kinderhotels in Trebesing (siehe S. 85) die Familien als Zielgruppe. Mittlerweile sind diesem Beispiel viele Betriebe gefolgt.

Für diese besonders familienfreundlichen Spezialisten gibt es die Auszeichnung mit drei, vier oder fünf Bären sowie Mädchen- und Jungenkopf (siehe Kasten S. 11). Ihre Vergabe richtet sich nach genau definierten Qualitätskriterien, die sich an Lage, Ausstattung und Angebot orientieren. Im Katalog der Kinderhotels sind unter den genannten Hotels in ganz Europa auch 14 Kärntner Betriebe beschrieben. Zu beziehen über: *Kinderhotels Europa, Seeblickstr. 49a, A-9580 Villach/Drobollach, Tel. 04254-44 11, office@kinderhotels.com, www.kinderhotels.com.*

Auf den folgenden Seiten finden Sie eine Auswahl an kinderfreundlichen Unterkünften (die Preisbeispiele beziehen sich auf die Hauptsaison):

Apartmenthaus im Familien-Feriendorf am Pressegger See (siehe S. 109)

Für Großstadtkinder sind Ferien auf dem Bauernhof ein einziges Abenteuer

Ginas Baby- und Kinderhotel, *Fasanenweg 10-14, A-9580 Drobollach am Faaker See, Tel. 04254-233 40, info@gina.at, www.gina.at.*
Ausgezeichnetes Erlebnishotel mit einer Vielzahl an Kinderattraktionen, darunter eine spektakuläre Wasserwelt. Familienstudio und -suite € 135-194 pro Person/Tag, Kinder € 33-54.

Dorfhotels Schönleitn und Seeleitn am Faaker See, *TUI AG, Dorfhotel, Karl-Wiechert-Allee 4, D-30625 Hannover, Tel. 0511-566 25 41, dorfhotel@tui.com, www.dorfhotel.com.*
Die Dorfanlagen der Vier-Sterne-Kategorie zeichnen sich durch ihre Holzarchitektur aus und bestehen aus Einzelhäusern mit je bis zu vier großzügigen Apartments, Restaurants, Bars und Kinderspezialitäten. Apartment (1-6 Personen/Tag) € 130-194.

Smileys Kinderhotel, *Bad 19, A-9852 Trebesing, Tel. 04732-24 46, office@smileyhotel.at, www.smileyhotel.at.*
Kinder ab drei Monaten werden hier betreut. Für die Eltern gibt es Sauna, Massagen und Schönheitsabteilung. All inclusive pro Person/Tag € 75-103.

Kinder-Sport-Hotel Brennseehof, *Seestr. 19, A-9544 Feld am See, Tel. 04246-24 95, hotel@brennseehof.com, www.brennseehof.com.*
Eine ausgezeichnete Adresse für sportliche Familien, denn hier können Kinder und Erwachsene bis zu zehn Sportarten im Sommer und Winter erlernen. Apartment pro Person und Tag € 106-143.

Naturerlebnis Kinderhotel Hubertushof, *Kameritsch 1, A-9620 Hermagor-Pressegger See-Nassfeld,*

Tel. 04285-280, office@kinderhotel-hubertushof.at, www.kinderhotel-hubertushof.at.
Umgeben von Wiesen und Bauernhöfen im sonnigen Gailtal bietet das kleine Hotel maximal Platz für 20 Familien. All inclusive pro Person und Tag € 77-101.

Familien-Feriendorf, *Pressegger See 7, A-9620 Hermagor, Tel. 04282-446 09, office@familienferiendorf.at, www.familienferiendorf.at.*
Sehr ansprechende, individuelle Anlage mit 16 Ferienhäusern und 8 Apartments direkt am See in einem kindersicheren Naturpark mit Sommer- und Winterangeboten sowie Sauna am See. Pro Familie und Tag inkl. Essen, Kinderbetreuung und Aktivprogramm € 313-378.

Familienparadies Wolfgangbauer, *Winkl 13, A-9844 Heiligenblut, Tel. 04842-24 02, office@wolfgangbauer.info, www.heiligenblut.at/wolfgangbauer.*
Ein familienfreundlicher Bauernhof mit Wohnungen für 2 bis 7 Personen. Hier sind auch mit Hühner, Schafe, Ziegen und Hasen zu Hause. Pro Person und Tag € 66-106.

Urlaub grenzenlos

Von Kärnten aus ist ein Ausflug ins benachbarte Friaul-Julisch Venetien oder nach Slowenien ein Katzensprung. Tipps dazu enthält die Broschüre „Urlaub grenzenlos“, die beim ***Landesverband Urlaub am Bauernhof*** *erhältlich ist (Viktringer Ring 5, A-9020 Klagenfurt, Tel. 0463-33 00 99, office@urlaubambauernhof.com, www.grenzenlos.at). Darin werden Bauernhöfe vorgestellt, kulinarische Spezialitäten erklärt, auf Veranstaltungen hingewiesen und Ausflugstipps beschrieben.*

Verkehr

Die Höchstgeschwindigkeit beträgt auf Landstraßen 100 km/h, auf Autobahnen 130 km/h und im Ortsgebiet 50 km/h. Strenge Kontrollen sind üblich. Tempoüberschreitungen können an Ort und Stelle geahndet werden. Es besteht Gurtpflicht, auch auf den Rücksitzen. Kinder unter zwölf Jahren dürfen nur in Kindersitzen mitfahren. Die Promillegrenze liegt bei 0,5. Im Winter sind die Großglockner-Hochalpenstraße (siehe S. 36), die Malta-Hochalmstraße (siehe S. 40) und die Nockalmstraße (siehe S. 46) gesperrt. Von 1. Nov bis 15. April herrscht Winterreifenpflicht.

Zoll

Innerhalb der EU können Waren für den persönlichen Gebrauch zollfrei ein- und ausgeführt werden. Nur wenn Sie ganz erhebliche Mengen, zum Beispiel 800 Stück Zigaretten, 10 Liter Spirituosen oder 90 Liter Wein, von einem Land ins andere transportieren, sollten Sie glaubhaft versichern, dass dieser Vorrat ausschließlich für den persönlichen Verbrauch bestimmt ist. Zigaretten ohne aufgedruckten Gesundheitswarnhinweis dürfen nur in einer Menge von bis zu 200 Stück eingeführt werden (Zigarren 50, Zigarillos 100, Rauchtabak 250 Gramm).

Einkaufen & Mitbringsel

Von Souvenirkitsch bleiben Sie auch in Kärnten nicht verschont, doch es gibt Andenken, deren Kauf sich lohnt. Zum Beispiel traditionelle Trachten, die sich meist durch gute Qualität auszeichnen. Wer glaubt, auf der Suche nach Dirndl und Janker überall auf Schnäppchen zu stoßen, wird jedoch enttäuscht. Preiswerte (Kinder-)Trachten oder Landhausmode bekommen Sie oft in den Bekleidungsabteilungen der Kaufhäuser.

Dirndl aus der Fabrik

Noch günstiger ist der Werksverkauf, zum Beispiel bei **Wurzer** [Kühwegboden 30, Tel. 04282-23 17, info@wurzerdirndl.at, www.wurzerdirndl.at], beim **Kärntner Heimatwerk** [Herrengasse 2, A-9020 Klagenfurt, Tel. 0463-555 75, office@kaerntnerheimatwerk.at, www.kaerntnerheimatwerk.at] mit Filialen in Villach, Spittal und Wolfsberg und bei **Boos & Co.** [Stadtgrabengasse 5, A-9360 Friesach, Tel. 04268-2514-0, boos.austria@utanet.net, www.boos-trachten.at]. Eine eigene Wulfenia-Kollektion hat **Moden Stattmann** [Gasserplatz 8, A-9620 Hermagor, Tel. 04282-20 90, office@stattmann.at, www.wulfenia-mode.at].

Ein praktisches und unverwüstliches Souvenir für Kinder ist die Lederhose

Kunsthandwerk & Co.

Holzschnitzereien mit Bauernmalerei, Korbwaren, Kunstvolles aus Glas und Keramik mit bodenständigen oder modern gestalteten Tellern, Krügen und Bechern zählen zu den klassischen Souvenirs. Die finden Sie in Fachgeschäften und auf Märkten. Im Land der Berge bieten sich auch deren Schätze als Mitbringsel an: Mineralien und Steine vom Bergkristall bis zum Lapislazuli.

Mitbringsel aus Küche

Beliebte Kärntner Souvenirs sind auch Speck, Bauernschinken, geräucherte Würste und Käse, die Sie auf Bauernmärkten oder direkt auf den Höfen kaufen können (siehe Kasten S. 15). Ebenso lecker sind Lavanttaler Äpfel und der daraus hergestellte Most. Auch Honig und Honigprodukte zählen zu den Köstlichkeiten, die man gern nach Hause mitnimmt.

Feste & Veranstaltungen

Festivitäten vor allem in den Sommermonaten haben im Kärntner Kalender einen festen Platz. Überall beliebt sind Volksfeste, bei denen viel getanzt, gegessen und getrunken wird. Außer der Unterhaltung stehen auch traditionelle Bräuche auf dem Programm, die in heidnischer Zeit entstanden, später christianisiert wurden und heute noch zum Festtagsleben gehören. International einen Namen gemacht hat sich das Bundesland mit dem hochkarätigen Carinthischen Sommer. Aber auch andere Festivals rund um Musik und Theater locken viele Besucher an. Infos über die Kärnten-Hotline [Tel. 0463-30 00].

Wo Brötchen durch die Luft fliegen

*Der Brauch des **Striezelwerfens** hat in Stein im Südkärntner Jauntal seit dem 10. Jahrhundert Tradition. Damals soll der Feudalherr Albuin seine Frau Hildegard im Zorn über die Burgmauer in die Tiefe geworfen haben, weil sie ihn angeblich betrogen hatte. Wie durch ein Wunder überlebte die unschuldige Hildegard und veranstaltete von nun an jährlich zu ihrem Geburtstag Anfang Februar eine Armenspeisung. Die semmelartigen Backwaren, die die Kirchsänger an diesem Tag heute noch nach der heiligen Messe unters Volk werfen, sollen auch vor Irrsinn, Feuer und Diebstahl schützen.*

Februar/März

Der **Fasching** in Kärnten ist eine eigenwillige Mischung aus exotischem brasilianischem, prachtvollem venezianischem und ausgelassenem deutschem Karneval mit Kostümfesten, Sitzungen und Umzügen. Am Faschingssamstag findet in der Faschingshochburg Villach der große Narrenumzug statt. Zehntausende, größtenteils maskierte Passanten begleiten den Umzug mit „Lei-Lei"-Rufen. In den meisten anderen Orten ziehen die Narren erst am Faschingsdienstag durchs Dorf. Man feiert das Ende des Winters und freut sich auf den Frühling. Hier und da wird der Winter in Gestalt einer Strohpuppe noch verbrannt.

April

Der **Vierbergelauf** ist eine bekannte Wallfahrt zwei Wochen nach Ostern und ein bedeutender Brauch in Kärnten. Am Dreinagelfreitag, dem 2. Freitag nach Ostern, werden innerhalb von 17 Stunden mehr als 50 Kilometer Pilgerweg über die heiligen Berge Magdalensberg, Ulrichsberg, Veitsberg und Lorenziberg zurückgelegt.

Mai/Juni

Beim traditionellen **Kranzlreiten** in Weitensfeld im Gurktal reiten jedes Jahr Burschen am Pfingstmontag unter Anteilnahme der Bevölkerung auf dem Marktplatz um die Wette. Der Sieger darf die steinerne Jungfrau küssen. Der Brauch geht auf eine mittelalterliche Begebenheit zurück: Als die Pest damals so verheerend gewütet hatte, dass nur noch drei Männer und eine Maid übrig blieben, wetteiferten die Jünglinge um die Gunst der jungen Dame.

Eine Besonderheit unter den kulturellen Veranstaltungen am Weißensee sind die **Floßkonzerte:** Von Juni bis September musiziert jeden zweiten Sonntag die örtliche Trachtenkapelle auf einem riesigen Floß, das über den See treibt und die Klangwolke an die Badestrände trägt.

An ein ritterliches Reiterspiel erinnert das **Kufenstechen** in Feistritz an der Gail, das alljährlich am Pfingstmontag stattfindet. Die Kufe ist ein Fass, das auf einer mannshohen Stange befestigt wird.

Aufwendig sind die Inszenierungen der Komödienspiele im Schloss Porcia

Die Reiter galoppieren auf ungesattelten Pferden daran vorbei und schlagen mit einer Eisenkeule auf das Fass, bis es zerborsten von der Stange fällt.

Der **Reiftanz** in Hüttenberg, dem ehemaligen Zentrum des Kärntner Bergbaus, symbolisiert die 2.000 Jahre alte Geschichte des norischen Eisens. Dabei führen die Reiftänzer in Bergmannstracht nach alter Tradition einen Männertanz auf. Das Fest findet alle drei Jahre (2013, 2016 ...) am Sonntag nach Pfingsten statt.

Von Mai bis Oktober werden die **Musikwochen Millstatt** veranstaltet. Im Millstätter Stift erleben Musikliebhaber Chor- und Orchesterwerke, Vokal- und Kammermusikkonzerte, Jazz und Musiktheater.

Juli/August

Internationale Interpreten bieten klassische Musik auf höchstem Niveau während des **Carinthischen Sommers** in der spätbarocken Stiftskirche Ossiach, im neuen Alban-Berg-Konzertsaal mit guter Akustik und im Congress Center Villach. Auf dem Programm stehen Kammermusik, Kirchenopern, zeitgenössische Kompositionen, Orchesterkonzerte und als Besonderheit Kinderopern [Infos: Tel. 04243-25 10 (Juni-Aug), ansonsten 01-596 81 98, office@carinthischersommer.at, www.carinthischersommer.at].

Die zur Freiluftarena umgebaute **Burgruine Finkenstein** südöstlich von Villach ist in lauen Sommernächten der Ort für musikalische und theatralische Ereignisse. Orchester und Operngrößen

Festkalender für Kinder

*Der Ableger des Carinthischen Sommers ist der **Carinthische Kindersommer.** So wollen die Musik- und Tanztage für Kinder ab sechs Jahren mit Workshops und Aufführungen die Zuhörer und Zuschauer von morgen für die Welt der klassischen Musik begeistern. Auf dem Plan für die Kleinen stehen zum Beispiel Ballettstunden und Theaterspielen, Singen und Musizieren sowie das Einstudieren kleiner Szenen für eine Revue. Klassische Musik und Kirchenopern sind die Hauptprogrammpunkte der seit 1969 im Juli und August in Villach und Ossiach stattfindenden Festspiele. Stift Ossiach, A-9570 Ossiach, Tel. 04243-25 10, office@carinthischersommer.at, www.carinthischersommer.at.*

geben Konzerte, und Liedermacher- und Popfestivals finden hier statt.

Komödien der Weltliteratur bringen die Besucher der **Komödienspiele** im Schloss Porcia in Spittal an der Drau zum Lachen. Auf dem Spielplan stehen jedes Jahr drei bis vier Stücke. Beim alljährlichen **Internationalen Chorwettbewerb** treffen sich Spitzenchöre aus aller Welt zum gesanglichen Wettstreit.

Die **Internationale Brahmswoche** in Pörtschach ist ein Wettbewerb für Nachwuchsmusiker, bei dem Konzerte mit Werken von Johannes Brahms zu hören sind. Mittlerweile melden sich zu dieser Veranstaltungen mehrere Hundert junge Musiker an [Infos: Tel. 04272-31 48, info@brahmscompetition.org, www.brahmscompetition.org].

Am ersten Sonntag im August feiert man den **Villacher Kirchtag.** Er ist das größte Brauchtumsfest im Dreiländereck mit Trachtenkapellen, Ausschank und Tanz. Der Kirchtag dauert fast eine Woche und lockt jedes Jahr viele Italiener an, für die er – wie das Münchner Oktoberfest – „la grande festa della birra“ ist.

September

Mit Verkaufsständen zieht der **St. Veiter Wiesenmarkt** in St. Veit an der Glan alljährlich Hunderttausende Besucher an. Das älteste Volksfest Kärntens beginnt am letzten Samstag im September und dauert zehn Tage.

November

Am 11. November (Faschingsbeginn!) werden zu Ehren des heiligen Martin in vielen Kärntner Wirtshäusern **Ganslessen** veranstaltet.

Dezember

Am 5. Dezember zieht der **Krampus,** (in Deutschland Knecht Ruprecht) von Haus zu Haus. Der Mann mit weißem Bart und rotem Mantel, der **Nikolaus,** kommt – wie in Deutschland – am 6.
In der Weihnachtszeit sorgen die **Perchten** für Aufsehen, die mit furchterregenden geschnitzten Holzmasken, Zottelperücken und wildem Geläut durch die Kärntner Dörfer laufen und den Winter vertreiben sollen.

Flora & Fauna

Kärntens seltenste Pflanze ist die Wulfenia, die blaue Blütentrauben trägt und zur Familie der Wegerichgewächse zählt. Sie kommt nur in einem sehr begrenzten Gebiet vor, nämlich um den Gartnerkofel am Nassfeld in den Karnischen Alpen (siehe S. 53). 1779 entdeckte Franz Xaver Freiherr von Wulfen die voreiszeitliche Blume, die heute noch Rätsel aufgibt. Denn ihr nächstgelegener Standort ist in Montenegro, dann taucht sie erst wieder ostwärts in Afghanistan und im Himalaja auf.

Auffallend sind auch einige seltene Liliengewächse, die meist aus dem Mittelmeerraum stammen. Da ist zum Beispiel die bis zu einem Meter hohe Krainer Lilie, die in den Karawanken und an den Südhängen der Villacher Alpe zu finden ist. Die Illyrische Siegwurz, aus dem Balkan stammend, und die Grasblättrige Schwertlilie, die in ganz Südeuropa verbreitet ist, sind weitere botanische Kostbarkeiten. Ideale Bedingungen auf Kalkuntergrund hat die auch aus Südeuropa kommende Hundszahnlilie im Lavanttal. In dem klimatisch begünstigten Gebiet gedeihen zudem verschiedene Obstbäume, Nussbäume und Edelkastanien. Im Lesachtal wiederum kann man die „Mussen" bewundern, ein Naturschutzgebiet mit einer Vielzahl seltener Alpenblumen.

„Wiedergeburt" des Steinwilds

Gegen Ende des 18. Jahrhunderts war der ***Steinbock*** *in den Ostalpen fast ausgerottet. Denn es gab kaum ein Organ dieses Tieres, dem man nicht heilende Kraft nachsagte, sei es für Fruchtbarkeit, gebärfreudige Frauen oder für kraftvolle Kinder und zur Lebensverlängerung. Dem italienischen König Viktor Emanuel II. ist es zu verdanken, dass 1861 ein Naturschutzgebiet am Gran Paradiso im Aostatal geschaffen wurde. Zudem setzte man 1960 im Gebiet der Hohen Tauern sechs aus dem schweizerischen Pontresina stammende Steinböcke aus, die sich so prächtig einlebten, dass es heute auch dort wieder einen konstanten Bestand gibt.*

Wald- und Heideflora

Die bewaldete Fläche Kärntens besteht zu 70 Prozent aus Nadelbäumen. In den gemischten Laub- und Nadelwäldern ist die Buche vorherrschend, in den Auen wachsen Weiden und Erlen. Überwiegend in der Alpenregion dominieren Fichten- und Lärchenwälder. In den Hohen Tauern ist an der Waldgrenze als hochalpine Kiefernart die Zirbelkiefer (Zirbe) zu sehen. Für die Kalkplateaus ist die Legföhre oder Latsche typisch.

An die obere Waldgrenze schließen die Almen an; hier wächst eine größtenteils geschützte Alpenflora. So etwa Alpenaster, Arnika, Enzian, Trollblume, Mehlprimel und Silberwurz. Vereinzelt stehen in dieser Höhe noch Zirbelkiefern, Latschen und Lärchen. Mit Heidekraut, Heidel- und Preiselbeeren, Rentier- und Islandflechte ist hier die alpine Heide vertreten. Und besonders der Almrausch (Alpenrose), der im Frühsommer den Berghängen eine rote Farbenpracht verleiht. In der Felsregion gedeihen noch einige streng geschützte Pflanzen wie Edelweiß und Aurikel.

Tierische Alpenbewohner

Die Tierwelt Kärntens ist weitaus weniger speziell. Als Nutztiere werden vorwiegend Milchkühe, Ziegen, Schafe und Schweine sowie Geflügel gehalten. In der Pferdezucht sind besonders die Haflinger zu nennen.
In den Höhen leben Schneehasen und Schneehühner, dort sind auch das Murmeltier sowie Auer- und Birkhuhn heimisch. Der charakteristische Paarhufer der Alpenregion ist die Gämse. Stellenweise konnte der Steinbock wieder eingebürgert werden (siehe Kasten S. 114). In verschiedenen Natur- und Wildparks hat man auch Mufflon, Luchs und Wolf erneut heimisch gemacht. In den Karawanken leben sogar Braunbären, die vermutlich aus dem Balkanraum den Weg in die Kärntner Berge finden.

Neugierige Gesellen

Murmeltiere leben im Almgelände, wo sie metertiefe Baue anlegen. Darin halten sie einen sieben Monate dauernden Winterschlaf. Während dieser Zeit zehren sie vom Fettvorrat, den sie sich während des Sommers angefressen haben, und ihre Körpertemperatur sinkt auf vier bis sieben Grad Celsius herab. Murmeltiere fressen mit Vorliebe nährstoffreiche Hochgebirgspflanzen, die sie in kurzer Zeit groß und dick werden lassen. Typisch für sie: Sie machen Männchen und pfeifen bei Gefahr.

In der Luft zu beobachten sind Bussarde, Sperber und Habichte. Seltener sieht man Steinadler, die an der Waldgrenze brüten. Auf ihrem Flug nach Süden ziehen außer Wildgänsen auch See-, Fisch- und Zwergadler durch.
Unter den Insekten sind viele streng geschützt, wie der Alpenbock, der Hirsch- und Nashornkäfer, bei den Schmetterlingen der Schwalbenschwanz, Totenkopfschwärmer und Trauermantel. Aus dem Balkan sind die Kroatische Gebirgseidechse, der Balkanmoorfrosch und die giftige Sandviper in die südöstlichen Karawanken zugewandert. Der Alpensalamander ist vorzugsweise in der Dämmerung und bei Regen unterwegs. Und die Kreuzotter zieht die höher gelegenen, kühleren Gebiete vor. Die Gewässer Kärntens sind fischreich. Zu ihrem Bestand zählen vor allem Forellen sowie Äschen, Zander, Hechte, Saiblinge, Schleien und Karpfen sowie Waller.

Murmeltiere sind scheu, können aber auch zutraulich werden

Geschichte

Vor etwa 30.000 Jahren sollen bereits vereinzelt Menschen im östlichen Teil Kärntens gelebt haben, wie prähistorische Funde wie einfache Werkzeuge und Überreste von Mahlzeiten in der Griffener Tropfsteinhöhle belegen. Eine dauernde Besiedlung vermutet man aber erst für das Neolithikum (Jungsteinzeit), als die Errungenschaften in der Landwirtschaft Sesshaftigkeit ermöglichten. Das Skelett eines frühen Bewohners, das man auf die Zeit um 2500 v. Chr. datiert, fand man im Metznitztal nahe St. Salvator. Steinzeitmenschen sind auch für den Kanzianiberg bei Villach und den Strappelkogel im Lavanttal nachweisbar. In der Bronzezeit taten sich besonders die Veneter und Etrusker hervor und beeinflussten die nachfolgenden Kulturen der Illyrer und Kelten. Diese gründeten um 200 v. Chr. das Königreich Norikum mit dem Regierungssitz am Magdalensberg. Es war die erste größere politische Organisation auf dem Gebiet des heutigen Österreich und reichte über Kärnten hinaus bis ins Inn- und Pustertal und bis zur Donau. Im Jahr 15 v. Chr. kamen dann die Römer und okkupierten Norikum. Sie bauten am Zollfeld zwischen Klagenfurt und St. Veit an der Glan die Hauptstadt Virunum und unweit von Spittal Teurnia. Im 4. Jahrhundert setzte sich erstmals das Christentum durch.

Lebendiges Mittelalter

„Perle Österreichs" nennt sich ***Friesach.*** *Seine Kirchen, Klöster, Ruinen und Burgen künden von einer Zeit, als die Stadt Sitz des Salzburger Erzbischofs und mehr als 1.000 Jahre lang geistiges Zentrum Kärntens war. Bewacht von mächtigen Mauern, umgeben von einem Wassergraben, geschmückt mit spitzen Türmen und romantischen Brücken, beflügelt Friesach die Erinnerung an Märchengeschichten und Ritterturniere, an mittelalterliche Feste und Gelage. Sommerliche Veranstaltungen auch für Kinder machen diese Vergangenheit wieder lebendig. Info-Tel. 04268-22 13 42, touris musinformation@friesach.at, www.friesach.at.*

So kam das Land zu seinem Namen

Nach dem Zerfall des Römischen Reichs fielen die Germanen ein. Im 6. Jahrhundert gehörte das Gebiet zum Reich der Ostgoten. Dann stritten sich Langobarden und Bayern darum. Erfolgreich behaupteten sich allerdings die expandierenden slawischen Stämme. In der Folge entstand ein slawisches Fürstentum bei Karnburg am Zollfeld. Im 9. Jahrhundert wurde dieses Gebiet urkundlich als „Carenta" oder auch „Carantanum" bezeichnet. Vermutlich wird „car" eher von der vor-indogermanischen Bezeichnung für Felsgestein abgeleitet als vom keltischen „carant" (Freund). Aus dem römischen Namen „Carinthia", erstmals 1002 urkundlich erwähnt, wird später Kärnten.

Frühe Demokratie

Schon zu dieser Zeit existierte in Karantanien wahrscheinlich ein Wahlfürstentum. Diese Fürsten wurden von den Bauern auf dem Herzogstuhl bei Maria Saal feierlich eingesetzt. Dieses Zeremoniell gilt als ein frühes Zeugnis demokratischen Handelns. Um die Awaren abzuwehren, holten die Karantaner die Bayern ins Land. Damit kamen zum zweiten Mal das Christentum und erstmals die deutsche Sprache in die Gegend. Karl der Große gliederte Bayern inklusive Karantanien seinem Frankenreich ein, und die Kolonisierung im großen Stil begann. König Ludwig der Deutsche schenkte Bayern und Kärnten seinem Sohn Karlmann. Dessen illegitimer Sohn Arnulf, der sich Herzog von Bayern und Kärnten nannte, wurde kurzzeitig als erster Kärntner deutscher Kaiser. Um 970 wurde Karantanien das erste selbstständige Reichsherzogtum unter den heutigen österreichischen Bundesländern. Und auch der erste deutsche Papst war ein Kärntner: Gregor V. (996-999).

Gründung von Klöstern und Städten

Im 11. Jahrhundert kamen Ordensleute und gründeten Klöster in St. Georgen, Ossiach, Gurk, Millstatt und St. Paul; auch das Bistum Gurk konstituierte sich. Es begann eine umfangreiche Bildungsarbeit. Die ersten Stadtrechte erhielten Friesach und Villach. Rege Bautätigkeit nach Vorbild der romanischen Baukunst markierte einen kulturellen Höhepunkt in dieser Zeit. 1122 bis 1269 waren die Spanheimer aus der Rheinpfalz Lehnsherren im Land. Im 13. Jahrhundert

Bei den Ritterspielen auf Burg Sommeregg wird das Mittelalter wieder lebendig

Rathausfassade in der ehemaligen Hauptstadt St. Veit an der Glan

begann sich neben dem Adels- und Bauernstand ein Bürgertum zu entwickeln. Als im Jahr 1335 die Habsburger die Herrschaft übernahmen, folgten große Notzeiten, bedingt durch Adelsfehden und kaiserliche Kriegszüge. Mehrere Türkeneinfälle, die Pest und Naturkatastrophen wie Heuschreckenschwärme und Überschwemmungen taten ein Übriges.

Reformationen in Medizin und Glauben

Anfang des 16. Jahrhunderts wurde Klagenfurt durch einen Brand fast völlig zerstört. Vermeintlich großzügig überließ Kaiser Maximilian I. den Bürgern die Stadt, um sich vor dem Wiederaufbau zu drücken. In Villach entwickelte der Arzt Paracelsus seine Grundlagen für eine neuzeitliche Medizin. Es kam wiederholt zu Bauernaufständen, und auch die Bergknappen erhoben sich gegen die Lehnsherren. Starken Zustrom fand der lutherische Glaube. Doch die Gegenreformation unter den Jesuiten zwang protestantische Handwerker und den reformierten Adel zur Flucht.

Kärntens Ex-Kapitale

Ein hübscher historischer Altstadtkern tut sich dem Besucher in ***St. Veit an der Glan*** *auf. Prächtige Fassaden, wie die des Rathauses, schmucke Bauten, darunter reich dekorierte Patrizierhäuser, und stilvolle Arkadenhöfe prägen das Bild. Die ersten Spuren der Herzogstadt reichen bis in die Römer- und Karolingerzeit zurück. Seine Blüte erlebte St. Veit unter den Spanheimern, allen voran Herzog Bernhard. Damals waren auch die Minnesänger Walther von der Vogelweide und Ulrich von Liechtenstein zu Gast. Vom 12. bis 16. Jahrhundert war St. Veit als Wirtschafts- und Handelszentrum auch Landeshauptstadt. Mehrere Burgen und Schlösser in der Umgebung der Stadt sind einen Abstecher wert. Info-Tel. 04212-288 80 69 11, info@clubsanktveit.at, www.stveit.carinthia.at.*

Kärntner Landesmutter

Der mächtige romanische Dom ist das Zentrum des Wallfahrtsorts Gurk. Der Bau entstand auf Geheiß der ***hl. Hemma*** *von Gurk (983-1045). Nachdem sie sowohl ihren Gatten als auch ihren Sohn Wilhelm verloren hatte, gründete sie das Nonnenkloster in Gurk. Ihre Gebeine ruhen in der Krypta des Doms, in der sich auch der* ***Hemma-Stein*** *befindet. Der Legende nach beschert dieser Grünschieferstein Frauen, die sich darauf niederlassen, Kindersegen.*

Freiheit und Bildung

Im 17. Jahrhundert folgte ein wirtschaftlicher Niedergang. Er wurde bedingt durch den unrentablen Abbau oder die erschöpften Ressourcen im Eisenerz-, Gold- und Silberbergbau. Erst die Reformen des aufgeklärten Absolutismus im 18. Jahrhundert brachten Verbesserungen. Kaiserin Maria Theresia und Kaiser Joseph II. setzten Verwaltungsreformen durch, Glaubensfreiheit und die Abschaffung der Folter. Sie bereiteten die Aufhebung der Leibeigenschaft vor und richteten Schulen ein.

Kriege, Wiederaufbau und wirtschaftlicher Aufschwung

Als Napoleon und seine Truppen Kärnten von 1797 bis 1813 besetzten, war nicht nur dem wirtschaftlichen und kulturellen Aufschwung ein Ende gesetzt. Die Franzosen ließen das Land im Chaos zurück. Dennoch war die Neuzeit nicht aufzuhalten: Mit der Revolution von 1848 kamen nun endlich die Bauernbefreiung und die Gründung des Kärntner Landtags. Mit dem Bau der Eisenbahnverbindung von Wien nach Triest gewann das Gebiet als Transitland an Bedeutung.
Nach dem Ersten Weltkrieg zerbrach die Monarchie. Für Kärnten endete dieser Krieg 1918 noch nicht wirklich: Erst zwei Jahre später waren die Auseinandersetzungen mit der in Ljubljana gebildeten slowenischen Nationalregierung abgeschlossen, die die bedingungslose Abtretung eines Drittels von Kärnten einschließlich der Städte Villach und Klagenfurt forderte. Eine entscheidende Abstimmung am 10. Oktober 1920 ergab 59 Prozent für den Verbleib dieser Landesteile bei der Republik Österreich.
Im Jahr 1925 wurde die erste Fluglinie von Klagenfurt nach Wien eröffnet. Zehn Jahre später schuf man durch die Eröffnung der Großglockner-Hochalpenstraße die Verbindung Kärntens mit Salzburg. 1938 wurde das Bundesland wie ganz Österreich dem nationalsozialistischen Deutschen Reich „angeschlossen“. Während des Zweiten Weltkriegs fielen 1944 auch Bomben auf Kärntner Gebiet. Im Mai 1945 besetzten Truppen der britischen Armee das Land und blieben bis 1955. Mit der Unterzeichnung des Staatsvertrags im selben Jahr erhielt Österreich seine Neutralität und Kärnten bekam erneut die Grenzen von 1920 garantiert.
Schlagzeilen in ganz Europa machte Kärnten durch den Rechtspopulisten Jörg Haider, der 2008 tödlich verunglückte. Als Kärntner Landeshauptmann sorgte er immer wieder für allerhand politischen Zündstoff.

Sport

Wer denkt, im Bergland Kärnten könne man nur klettern und Ski fahren, liegt falsch. Freunde zahlreicher Sportarten, vom Angeln über Inlineskaten bis zum Wandern, kommen hier auf ihre Kosten. Infos erhalten Sie unter anderem bei regionalen Touristen-Büros und der Kärnten Information (siehe S. 100).

Bergsteigen, Wandern, Nordic Walking

Kärntens Berge haben für jeden Wanderwunsch das Passende zu bieten: Der Nationalpark Hohe Tauern ist besonders für Bergsteiger, die auch extreme Touren mögen, geeignet. Der Nationalpark Nockberge hingegen mit seinen sanften Formen bietet Ausflugsmöglichkeiten für gemütliche Wanderer. 500 Millionen Jahre Erdgeschichte macht der Geo-Trail (siehe S. 53) in der Karnischen Region erlebbar. Der Karnische Höhenweg, der heute auch „Friedensweg" genannt wird, führt entlang den Steigen, von denen aus sich die verfeindeten Truppen im Ersten Weltkrieg erbitterte Kämpfe lieferten. In zahlreichen Kinder-Klettergärten lernen die Kleinen unter ausgebildeten Betreuern das „Kraxeln". Organisierte Bergtouren vermittelt der **Kärntner Bergführerverband** [Harry Kollmitzer, Laas 43, A-9640 Kötschach-Mauthen, Tel. 0664-460 89 66, info@alpincenter.cc, www.bergfuehrer.cc]. Details und Strecken zum Thema Laufen und Nordic Walking gibt's auf www.laufen.kaernten.at. Anregungen zu Wandertouren, Nordic- und Laufstrecken erhalten Sie auch im interaktiven „Kärnten Touren-Guide" auf www.kaernten.at.

Auch für kleine Wandersleute gibt es in Kärnten spannende Touren

Golfen

Insgesamt zehn Anlagen, eingebettet zwischen Bergen und Seen, kann Kärnten mittlerweile seinen golfbegeisterten Gästen offerieren. Plus zwei Plätzen im angrenzenden Italien und einem in Slowenien. Allen gemeinsam ist das landschaftliche Flair, oft mit schönen Ausblicken auf einen See und die nahen Berge. Golfzentrum ist der Wörthersee, der mit Velden, Pörtschach und Klagenfurt über drei Anlagen verfügt [Golfland Kärnten, Ossiacher-See-Süduferstr. 59-61, A-9523 Landskron-Villach, Tel. 04242-442 00 80, golfland@kaernten.at, www.golfland.kaernten.at].

Wassersport

Die 200 Kärntner Badeseen versprechen ungetrübte Urlaubsfreuden, weil sie

Wassersport total

***Segeln** und Surfen ist auf allen größeren Kärntner Seen möglich, aber auch auf zahlreichen kleineren Seen. **Rafting** und **Wildwasserfahren** kann man auf Möll, Gail, Lieser, Gurk und Drau (Fit & Fun Rafting Club, St. Lorenzen 13, A-9654 St. Lorenzen, Tel. 04716-597, info@fitundfun-outdoor.com, www.fitundfun-outdoor.com). **Flusswanderungen** mit dem Kanu und **Kajakfahren** werden ebenfalls angeboten (Kajak Center Faak, Strandbad Egg, Seeuferlandstr. 80, A-9580 Villach-Drobollach am Faaker See, Tel. 0650-410 22 71, manfred@kajak-faak.at, www.kajak-faak.at).*

durchweg Trinkwasserqualität aufweisen. Sie erreichen Spitzentemperaturen bis zu 28 Grad. Für sportlich Aktive werden Segeln, Surfen, Wasserski, Tauchen und Parasailing angeboten, bei dem man vom Motorboot gezogen am Gleitschirm durch die Luft schwebt [Fly Carinthia Flugschule, Treffing 45, A-9871 Seeboden, Tel. 04762-819 99, flycarinthia@aon.at, www.flycarinthia.at]. Einen guten Ruf genießt auch die Sportschule Krainer in Feld am See (siehe S. 21). Nicht unbedingt familientauglicher Nervenkitzel ist auf Flüssen angesagt, auf denen Wagemutige beim Rafting und Kajakfahren ihr sportliches Talent zeigen können, zum Beispiel im Mölltal [Sportschule Schusser, A-9822 Mallnitz, Tel. 0664-204 08 14, schusser@peak.at, www.peak.at/sportschule]. Auch Canyoning durch tiefe Felsschluchten und tosende Wasserfälle ist möglich [z. B. Canyoning Kärnten, A-9832 Stall, Tel. 0664-133 32 26, info@kaernten-canyoning.at, www.kaernten-canyoning.at].

Auf Kanutouren für Kids im Rosental entlang der Drau können die Kleinen paddeln wie einst Huckleberry Finn [Freizeit Familie & Outdoor Tours, Walter Mamedof, Tel. 0664-135 57 43, freizeitfamilie@utanet.at, www.freizeit-familie.at]. Im Oberkärntner Ort Obervellach finden Wildwassertouren mit dem Kanu für Jugendliche statt. Schluchtenwandern und Rafting werden auch für Familien mit Kindern ab zehn Jahren offeriert [Club-Aktiv-Mölltal, A-9831 Flattach 25, Tel. 04785-410, office@cam.at, www.cam.at]. Allgemein eine gute Informationsmöglichkeit für Outdoor-Freaks ist www.outdoor.kaernten.at mit der Auflistung aller Sportschulen.

Wer's ein wenig ruhiger mag, geht zum Schnorcheltauchen im Weißensee oder greift zur Angelrute. Die Refugien der Angler sind fischreiche Bäche, Seen und Flüsse. Hobbyfischer benötigen allerdings eine sogenannte Fischereikarte, die in den jeweiligen Touristen-Büros vor Ort erhältlich sind. Die Kosten sind je nach Region unterschiedlich, am Millstätter See beispielsweise kostet die Karte für einen Tag für Erwachsene € 31,52 (inkl. € 8 Kaution).

Radfahren/Mountainbiken

Anspruchsvolle wie auch gemütliche Routen gibt es für Radfahrer und Mountainbiker (www.rad.kaernten.at). Höhepunkt ist der 230 Kilometer lange

Auch Reitanfänger finden Gelegenheit, in den Pferdesport hineinzuschnuppern

Drauradweg, der quer durch Kärnten führt und durchgehend markiert ist. Der 90 Kilometer lange Karnische Radwanderweg, Abschnitte früherer Giro-d'Italia-Etappen sowie die Radrennstrecke am Faaker See sind Herausforderungen. Die kostenlose „Raderlebniskarte" der Kärnten Information enthält alle wichtigen Infos.

Reiten

Auf einem 1.500 Kilometer umfassenden Reitwegenetz können Pferdefreunde ihrem Hobby frönen. Viele Orte bieten Reitkurse für Anfänger und Fortgeschrittene sowie Reiterhotels mit eigenem Reitstall, die Tagesritte und Mehrtagestouren organisieren. Abenteuerlustige kommen zum Beispiel bei einer Trekkingtour auf ihre Kosten. Highlight für Pferdefreunde ist das Reit-Eldorado in Bodensdorf [www.reit-eldorado.at].

Tennis

In allen Urlaubsorten gibt es Tennisplätze und Tennishallen. Auch viele Hotels haben eigene Tennisanlagen. Die wohl bekannteste Tennishalle ist in Annenheim am Ossiacher See. Wenngleich Pörtschach am Wörthersee nicht mehr Austragungsort des ATP-Turniers ist, so wird der Centre-Court doch nach wie vor für internationale Turniere genutzt.

Abenteuersport

Erlebnishungrige Urlauber haben Gelegenheit zum Drachenfliegen und Paragliding, so zum Beispiel am Ossiacher See, zum Segel- und Motorfliegen oder Ballonfahren. Für manche der ultimative Kick ist das Bungee-Jumping von der 82 Meter hohen Jauntalbrücke. Das Extremangebot wurde inzwischen erweitert um Hot-Rocket-Bungee, das Wagemutige an ein Gummiseil gebunden fast 70 Meter senkrecht himmelwärts katapultiert, und House-Running, bei dem man am Seil senkrecht eine Wand hinunterläuft [Gerhard Grabner, Eis 81, A-9113 Ruden, Tel. 04234-222, bungy-jauntal@bungy.at, www.bungy.at].

Wintersport

Kärnten, an der Südseite des Alpenhauptkamms gelegen, durchziehen die Hohen Tauern, die Karnischen Alpen und die Karawanken. Das Land hat beachtliche Skiregionen vorzuweisen: hoch gelegene wie den Mölltaler Gletscher, weitläufige wie den Skizirkus von Bad Kleinkirchheim und des Nassfelds. Auf dem Dobratsch bei Villach kann man den Winter sogar auch ohne Skilifte genießen. Ein Überblick:

Heiligenblut

Winteridylle und Pistenfreude verbinden die Abfahrten in Heiligenblut: Vor der

Kulisse des Großglockners können Sie in einer besonders schneesicheren Region auf familiengeeigneten Pisten schwingen. Die Bahn, nur wenige Meter von der malerischen Dorfkirche entfernt, führt hinauf auf das Schareck (2.604 m). Dort liegt ein weitgehend baumfreies Revier vor Ihnen mit überwiegend leichten bis mittelschweren Pisten. Nur die schwarze Abfahrt zum Fallbichl (2.200 m) fordert auch Könner heraus. Mittelschwere bis leichte Loipen sind im Tal gespurt. Für die kleinen Gäste gibt es Skikindergarten (ab 3 J.), Skischule (ab 4 J.) und ein eigenes Übungsgelände [Tourismusverband, Hof 4, A-9844 Heiligenblut, Tel. 04824-20 01 21, office@heiligenblut.at, www.heiligenblut.at].

Fun-Sport

***Inlineskating** ist auf den Radwegen rund um die Kärntner Seen und entlang den Flüssen im Trend. So etwa auf dem Drauradweg bei Villach, am Nordufer des Millstätter Sees, am Wörthersee-Nordufer, auf dem Lavanttalradweg und entlang des Gailtalradwegs, besonders von Kötschach-Mauthen bis Gundersheim (Infos: 1. Kärntner Inline Skate Club, Wolfi Wernitznig, Förk 38, A-9611 Nötsch, Tel. 0650-450 48 23, Inlinskating-kaernten@aon.at, www.inlineskating-kaernten.at). Auch **Skateboarden** kann man auf Uferpromenaden, Seestraßen und Boarding-Parks, wie etwa im Europapark in Klagenfurt. Große Sandstrände gibt es zwar keine, aber trotzdem entwickelt sich der Wörthersee auch zum beliebten Trefffür **Beachvolleyballer.** In den Strandbädern der anderen Kärntner Seen stehen ebenfalls Plätze zur Verfügung.*

Mölltal

Mallnitz, der Ski- und Luftkurort zwischen Kärnten und dem Salzburger Land, ist Ausgangspunkt für sanfte, baumfreie Hänge auf dem Ankogel. Etwas Stehvermögen fordert allerdings die Talabfahrt. Zwölf Kilometer östlich von Obervellach liegt das kleine Skigebiet Reißeck (2.300 m). Bei Flattach wiederum gelangt man von Innerfragant aus mit dem „Mölltal-Express“ durch einen Tunnel ins Skigebiet am Mölltaler Gletscher. Dort oben, im ewigen Eis der Hohen Tauern, bieten viele Dreitausender-Gipfel ein fantastisches Panorama. Auch Langläufer kommen im Gebiet auf ihre Kosten. Snowboarder finden zwischen dem Funpark und der Boardercross-Strecke ihr Revier. Mallnitz und Flattach sind für den Familienurlaub gut geeignet. Skischulen, -verleih und ein Gelände für Anfänger in Mallnitz erleichtern den Einstieg in den Skisport [Mölltaler Gletscherbahnen, Innerfragant 46, A-9831 Flattach, Tel. 04785-811 00, info@gletscher.co.at, www.gletscher.co.at].

Bad Kleinkirchheim

Der renommierte Wintersportort mit seinen beiden Thermalbädern bietet ein weitverzweigtes Pistennetz. Vor allem Fahrer mit mittleren Ambitionen finden hier ein großes Angebot unter den leich-

ten bis mittelschweren Pisten. Die mit vier Kilometern längste und schwierigste Abfahrt, die 920 Höhenmeter überwindet, ist die „FIS K 70 Franz Klammer", benannt nach der österreichischen Skilegende. Snowboarder finden ein großes Terrain auf der Kaiserburg und eine eigene Halfpipe. Sehr praktisch sind der Skibus, der in Stoßzeiten die Ortschaften im Zehn-Minuten-Takt verbindet, und der Skiverleih-Service in Bad Kleinkirchheim und St. Oswald.
Loipenrundkurse werden z.B. auf dem leicht gewellten Gelände des Golfplatzes präpariert. Landschaftlich reizvoll ist die Panoramaloipe „Nockalm" auf 1.950 Metern Höhe. Weitere Vergnügen sind Rodeln, Eislaufen, Wandern und Schneesafari mit Schlittenhunden. Wer es ruhig mag, wird im Skigebiet Falkert ein nettes, kleines Gelände finden, das Sie auf einer Bergstraße erreichen – für alle Fälle sollten Sie Schneeketten dabeihaben.
Im Bad Kleinkirchheimer Gästekindergarten, Skikindergarten und in der Skischule mit eigenem Übungsgelände sind auch die Kleinen gut untergebracht [Bad Kleinkirchheim Tourismus, Dorfstr. 30, A-9546 Bad Kleinkirchheim, Tel. 04240-82 12, info@badkleinkirchheim.at, www.badkleinkirchheim.at].

Skiarena Kärnten Nassfeld-Hermagor

Mit Schwierigkeitsgraden aller Kategorien wartet das recht schneesichere Skigebiet Sonnenalpe Nassfeld auf. Das weite Abfahrtsgelände hat auch anspruchsvolle Pisten zu bieten, die Nordabfahrt vom Gartnerkofel (2.195 m) und die Kanonenrohrabfahrt vom Madritschen (1.919 m). Die längste Abfahrt über zwölf Kilometer von der Bergstation des Zweikofellifts aus ist auch für weniger geübte Fahrer geeignet. Funpark und Twinpipe bringen Spaß für Snowboarder. Insgesamt bietet die Skiarena Nassfeld-Hermagor 100 Pistenkilometer. Langläufer können auf der sieben Kilometer langen, mittelschweren Tressdorfer-Alm-Loipe auf dem Nassfeld die Winterlandschaft genießen. Weitaus größer allerdings ist das Loipenangebot im Tal: Meist mittelschwere bis leichte Spuren ziehen sich durch das Gailtal und bilden zusammen mit dem Langlaufrevier Oberes Gailtal sogar rund 200 Loipenkilometer. Beliebter Treffpunkt der Eisläufer ist der Pressegger See bei Hermagor.
Im Bobo-Kinderclub steht viel Action auf dem Plan (ab 2 J. mit Betreuung). Im New Technology Center können die älteren Kinder Mini-Skidoos und Mini-Carvingski ausprobieren [Kärntens Naturarena, A-9620 Hermagor, Tel. 04282-31 31, info@naturarena.com, www.naturarena.com].

Wintersportregion Villach

Ein Pistenangebot von der Familienabfahrt bis zur FIS-Strecke können die mehreren kleinen Skigebiete rund um Villach vorweisen. Seit man auf dem Dobratsch (2.166 m) alle Liftanlagen abmontiert hat, genießen Winterurlauber den Naturpark ohne Pistentrubel beim Spazierengehen, Langlaufen, Schneeschuhwandern, Rodeln und auf Skitouren.
Oberhalb des Ossiacher Sees liegt das Skigebiet Kanzelhöhe-Gerlitzen. Da geht es rund mit der ersten Achter-Sesselbahn, einem Funpark für Boarder und dem Bino-Bär, dem Maskottchen der

Kinderskischule. Sieben Kilometer lang ist hier die Talabfahrt nach Bodensdorf. Ein weiteres Skigelände liegt unterhalb des Mirnock (2.110 m) in Verditz/Afritz nordwestlich von Treffen mit leichten bis mittelschweren Abfahrten. Eisstockschießen, eislaufen bei Flutlicht und schneeschuhwandern kann man hier auch. Rund 20 Kilometer südwestlich von Villach liegt Arnoldstein mit zehn Kilometer präparierten Abfahrten. Für die Kleinen gibt es im Dreiländereck den mehrsprachigen Skikindergarten. Rodelspaß für die Kleinen und Schneeschuhtrekking für die Großen findet man in der Gemeinde Arriach. Auf der Nordseite der Gerlitzen lädt die Loipe zum Laufen oder Skiwandern ein. [Villach-Warmbad/Faaker See/Ossiacher See Tourismus, Töbringer Str. 1, A-9523 Villach-Landskron, Tel. 04242-420 00 42, office@region-villach.at, www.region-villach.at].

Lavanttal

Mehrere kleinere Skigebiete mittleren Schwierigkeitsgrads rund um das Zentrum Wolfsberg können Pistenfans im Lavanttal ansteuern. Die familiengerechten Abfahrten verteilen sich auf die umliegenden Berge. In Höhen bis zu 2.000 Metern liegen die Skigebiete Koralpe, Klippitztörl, Weinebene, Hebalm, Petzen, Hirschegg, Salzstiegl und Reichenfels. Mit jeweils insgesamt etwa 25 Kilometer langen Pisten sind Koralpe und Petzen hier die größten Skireviere. Hebalm und Hirschegg bieten Snowboardern auch Funparks. Gut geeignet ist das Lavanttal zudem für Langläufer, die 120 überwiegend leichte und mittelschwere Loipenkilometer vorfinden. Die Skischulen fast aller Gebiete offerieren auch Unterricht für die Kleinen. [Regionalmanagement Lavanttal, Minoritenplatz 1, A-9400 Wolfsberg, Tel. 04352-28 78, info@rmlav.at, www.rmlav.at].

Die ersten Schwünge bewältigen kleine Skihaserl am besten gemeinsam

Cafés & Restaurants

Verlag: COMPANIONS GmbH,
Rödingsmarkt 9, 20459 Hamburg,
Tel. 040-306 04-600,
Fax 040-306 04-690,
E-Mail: info@companions.de,
Internet: www.companions.de

Autorin: Dr. Jenny Kreyssig
Lektorat: Ulrike Frühwald
Schlusskorrektur: Kerstin Gonsior

Titelgestaltung und Layout:
Cornelia Prott

Druck und Bindung:
DZA Druckerei zu Altenburg GmbH

Titelfoto: Gorilla/shutterstock.com
Karte: Karthographiebüro Jochen Fischer

Die Autorin dankt ganz besonders ihrem Ehemann Wolfgang Keller.

ISBN: 978-3-89740-668-1

Bildnachweis:
shutterstock.com (Gorilla S. 1, Irina Fischer S. 110), **Bad Kleinkirchheimer Tourismus Marketing GmbH** (S. 108, www.martinrauchenwald.com S. 2 oben, 3 oben, 16, 35, 46, 103, 120, Werbefotografie Gruber Michael S. 13, 44), **Heidi-Hotel Falkertsee GmbH** (S. 3 unten, 83, 88), **pixelio.de** (Udo-Sodeikat S. 2 unten, Stephan-Likar S. 22, Erich-Westendarp S. 36, Jürgen-Oberguggenberger S. 42, Aichholzer-Rudolf S. 55, Josef-Johann-Obiltschnig S. 57, Mariocopa S. 72, 118, Thommy Weiss S. 105, Georg-Haberecht S. 115), **Archiv MTG** (S. 117, steve.haider.com S. 5, 10, 11, 17, 18, 19, 20, 31, 52, 122 Sagamundo S. 48, Komödienspiele Porcia S. 112), **Archiv Stadt Klagenfurt** (S. 9), **Bildarchiv woerthersee.com** (S. 15, 29, 67, 75, Werbefotografie Gruber Michael S. 6, Joerg Schmöe S. 74), **VI-FA-OS Tourismus** (S. 27, 59, 63, Assam-Unterkircher S. 21, Hipp S. 25, Gerdl S. 26, 58, 61, 100, 125, Lammerhuber S. 60, Prokop S. 99), **Erlebnispark Pressegger See** (S. 23, 24), **panthermedia** (Peter Eckert S. 30, Peter Wienerroither S. 32, Karin Herkert S. 34, Christa Eder S. 39, Peter Wienerroither S. 50, Simone Wunderlich S. 54, Robert Rüf S. 73), **www.stadtgmuend.at** (S. 40), **Fotolia.com** (hasenfeld S. 43, PeJo S. 80), **Jenny Kreyssig** (S. 64, 86, 87, 94, 95, 107), **Archiv Stadt Klagenfurt** (68, Fritz S. 71), **Obir-Tropfsteinhöhlen** (S. 77, 78), **Benediktinerstift St. Paul** (S. 81), **Bios-Nationalparkzentrum Mallnitz** (S. 84), **Alpenwildpark und Naturstadel** (S. 89, 90), **Schaubergwerke Terra Mystica und Montana** (S. 91), **Archiv Minimundus** (S. 92), **Archiv Reptilienzoo** (S. 93), **Schloss Rosegg** (S. 96), **Vogelpark Turner See** (S. 97)